CORPUL SCHIMBĂRII

FOLOSIND DUS CORPUL SĂ TE VINDECI SĂ IUBEȘTI ȘI SĂ TE ÎMPUTERNICEȘTI PE TINE

DR. LISA COONEY

"S-ar putea să fie un vis prea îndepărtat pentru viața mea, dar cu toții avem nevoie de țeluri mari sau, de fapt, care este rostul? Toată lumea trebuie să își propună să nu trăiască o viață obișnuită."

— ANNE MCKEVITT

Sau, așa cum îmi spunea tatăl meu, go BIG or go home!

Această carte este pentru corp. Ființa altruistă care ne însoțește până la ultima suflare. Pentru toate corpurile pe care le ignorăm și pentru toate corpurile pe care le uităm. Fie ca cuvintele să sară de pe pagină și să vă readucă pe dvs. și corpul dvs. drept parteneriatul uimitor care este, iar darurile uitate să fie amintite.

PREFAȚĂ

Îmi amintesc prima dată când am citit despre Dr. Lisa
Cooney într-un buletin informativ GOOP. Gwyneth
Paltrow făcuse recent o sesiune ZOOM cu Dr. Conney,
la recomandarea unui prieten. Am fost sceptică, între-
bându-mă cum ar putea funcționa acest lucru pe inter-
net. Nu că aș fi avut convingeri fundamentale profunde
cu privire la aceste lucruri, dar faptul că eram în
persoană mi se părea intuitiv că trebuia să facă parte
din proces. Gwyneth a fost de acord și s-a dus cu un
scepticism măsurat, doar pentru a descrie o experiență
transformatoare. M-am gândit la experiența sa
săptămâni întregi.

Nu după mult timp, câinele meu a fost diagnosticat cu
cancer pulmonar și i s-a dat doar una până la trei luni
de viață. Crescusem acest câine de la vârsta de opt

săptămâni și glumeam mereu spunând că ea este versiunea canină a mea, ca fiica pe care nu am avut-o niciodată. Medicii nu credeau că chimioterapia va funcționa, având în vedere cât de mult progresase boala, dar au spus că am putea încerca oricum. Din capriciu, am apelat și la Dr. Cooney pentru a mă ajuta să trec peste durerea mea. În timpul convorbirii noastre, ne-a rugat pe mine și pe soțul meu să stăm cu câinele nostru. S-a uitat la noi și nu voi uita niciodată ce a spus: "Nu sunteți pregătiți să plecați, nu-i așa?" Am continuat ședința și abia îmi amintesc ce a spus; cânta și vorbea atât de repede. Acum au trecut doi ani, iar câinele meu prosperă. Medicii nu-și pot explica cum a dispărut cancerul ei. Ei spun că nu au mai văzut așa ceva la niciunul dintre cazurile lor.

Recent, mama mea a fost extrem de bolnavă și era conectată la un ventilator la terapie intensivă. Medicii ne-au pregătit pentru susținerea vieții, deoarece era în declin rapid. Am crezut că nu voi mai vorbi niciodată cu mama, așa că am apelat din nou la Dr. Cooney. Mi-a dat instrucțiuni despre cum să fiu prezentă în spital și, încă o dată, și-a făcut vindecarea de la distanță. A doua zi, starea mamei mele a încetat să se mai degradeze și a început să se îmbunătățească. O voi vizita pe mama săptămâna viitoare de ziua ei. Am vorbit la telefon aseară și ea a râs de copiii mei.

În fiecare caz, medicii au fost uimiți de recuperarea miraculoasă. Sunt sceptică cu privire la lucrurile care nu pot fi explicate logic și la conceptele pe care nu le înțeleg pe deplin. Dar, în calitate de om care trăiește în acest frumos și vast univers, cred cu tărie că unele lucruri din viață pur și simplu nu pot fi explicate; că nu înțelegem totul. Au fost acestea coincidențe? Nu voi ști niciodată. Nu voi înțelege niciodată pe deplin abilitățile doctorului Cooney și cum funcționează ele, dar sunt uimită de ceea ce am văzut și de impactul profund pe care l-a avut asupra vieții mele. Vă mulțumesc.

Laura Lane, autoare și jurnalistă

PART I
CORPUL SCHIMBĂRII

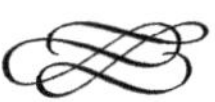

CĂLĂTORIA SPRE POSIBILITATE

Nu mă simţeam bine. M-am dus la calculator, am închis ochii şi am spus: "Corp, vorbeşte cu mine". În clipa următoare, am deschis ochii, lacrimile îmi cădeau pe obraji şi mă uitam la cuvintele "Mă omori" de pe ecran.

În acea zi, jocul - jocul meu - s-a schimbat. A fost începutul unei relaţii diferite cu corpul meu, care nu numai că mi-a schimbat fizic corpul, dar mi-a schimbat şi viaţa aşa cum o ştiam. Nu că ar fi fost uşor. Munca personală nu este niciodată uşoară. Dar cea mai grea parte a fost schimbarea relaţiilor mele - cu totul.

A început cu decizia de a afla ce mă "ucide", ce parte din mine şi de ce. Am început să folosesc toate instrumentele şi tehnicile pe care le aveam la dispoziţie şi altele pe care le dobândisem de-a lungul carierei mele. În cele din urmă, am descoperit că am un dar cu procesele profund transformative și am dezvoltat instrumente pentru descoperire și schimbare, numite metoda ROAR®. A trăi o Realitate Radicală Orgasmic de Vie, înseamnă a alege posibilitatea în locul problemei, o acțiune sau o convingere pe rând.

Ca urmare a acestei munci, viața mea de astăzi este o viață complet diferită față de cea pe care am crezut vreodată că aș putea sau aș fi în stare să o creez. Greutatea emoțională deghizată în greutate fizică suplimentară - 15 kilograme în plus - pe care o purtam cu mine s-a topit pur și simplu și a dispărut pe măsură ce am ales să mă schimb. Într-o cultură care se concentrează pe o dietă la modă după alta, este o revelație faptul că renunțarea la limitări și la îndoielile de sine poate face de multe ori o treabă mult mai rapidă de schimbare a corpului în felul în care ți-ai dori să fii. Și pe măsură ce corpul meu s-a schimbat, eu m-am schimbat din interior spre exterior. Problemele de lungă durată au început să se dizolve și să se rezolve.

Ori de câte ori îți explorezi problemele din perspectiva înțelepciunii corpului, aceasta deschide o lume cu totul nouă de conversații și oferă noi modalități de a avansa spre tot ceea ce îți dorești. Aceasta este premisa întregii cărți: cum conectarea cu tine însuți prin intermediul corpului tău îți poate accesa cel mai înalt scop și cea mai bună viață.

Scopul acestei cărți este să te ajute să descoperi beneficiile 1) de a deveni prieten cu corpul tău și de a-l asculta și 2) de a învăța să alegi de la corpul tău, permițând minții tale să facă o anchetă de cooperare cu el. Pentru că atunci când vă schimbați din "interior spre exterior", "exteriorul spre interior" se va schimba și el pentru a fi în concordanță cu dorințele dumneavoastră. Cu cât experimentați mai mult acest lucru, cu atât înțelegeți mai bine cum se face că lipsa de conștiință creează o stare de rău fiziologic și de dizarmonie în corpul vostru și în viața voastră în general. Această stare împiedică conștientizarea faptului că adevăratul scop al corpului vostru ca organism este de a direcționa schimbarea energetică nu numai în voi, ci și în ceilalți. Este mai mult decât faptul că ceea ce vă spuneți vouă înșivă este ceea ce arătați lumii ca organism. Acest lucru este adevărat, desigur. Dar intenția mea aici este să vorbesc despre ceva diferit despre corpuri și despre potențialul său atât ca vindecător, cât și ca empatic.

În munca mea cu clienți din întreaga lume, am recunoscut că a fi prezent în corpul meu acționează asupra oamenilor în moduri profunde. Poate avea un impact pe care cei mai mulți dintre noi nu au un limbaj pentru a-l descrie. Nu suntem învățați acasă sau la școală că există o conștiință universală pe care o putem accesa și care ne permite să ne folosim corpul pentru a ne informa ființa. Aceasta este prezența - starea de unitate. Și în această stare, corpurile noastre sunt capabile de mult mai mult decât știm.

CAPITOLUL 1: AMPRENTA SUFLETULUI TĂU - SEMNĂTURA TA SPIRITUALĂ UNICĂ

---

*Îmbarcarea în emergența propriei amprente sufletești
este calea către integritate, iubire și bucurie, în noi
înșine și cu ceilalți.*

— *PSARIS & LYONS*

Bunica mea a fost întruchiparea iubirii necondiționate și singurul har salvator din copilăria mea. Avea un metru patruzeci și doi, era catolică, italiană și o adevărată forță. Ea însăși a trecut prin atâtea greutăți și dureri. Cea mai tânără dintr-o familie de treisprezece copii, nu avusese nicio educație în afara școlii gimnaziale. Tatăl ei a fost un om extrem de violent, care în cele din urmă i-a ucis mama. Ea îl numea "Gestapoul". Dar, în ciuda poveștii sale, ea a dat atât de mult. Privind în urmă, ea m-a învățat că, indiferent prin ce a trecut cineva, el poate fi încă întruchiparea iubirii necondiționate. Ea a fost cea mai mare profesoară a mea.

După ce am suferit abuzuri sexuale, emoționale și fizice grave în copilărie, ea a fost singura persoană cu care m-am simțit confortabil să am contact fizic. Când a murit, a lăsat o moștenire. Bunica mea mi-a influențat decizia de a face lucrurile într-un mod diferit: de a alege pe cât posibil să fiu amabilă și să contribui, indiferent de ceea ce se întâmplă în lumea mea. S-ar putea să fie nevoie să existe o forță sau o fermitate în acea bunătate, dar este un spațiu al iubirii datorită a ceea ce m-a învățat ea. Conduceți cu inima. Acest lucru m-a condus la corp.

Și a mai fost ceva ce m-a învățat bunica mea și care a mers dincolo de cum să iubesc necondiționat - m-a învățat despre sufletul meu.

Stăteam la Liturghie, unul dintre locurile mele preferate pentru a fi cu ea. Știa și spunea fiecare cuvânt cu voce tare, iar în acea zi am auzit-o spunând: "Sufletul și cu mine vom fi vindecați".

Am înghețat, inima îmi bătea cu putere, iar în acel moment, am știut că munca mea va avea de-a face cu spiritul sau sufletul. Am simțit-o cu fiecare fibră a ființei mele... pentru că corpul meu mi-a vorbit, iar eu și corpul meu ne-am trezit!

AMPRENTA SUFLETEASCA

Ca ființă umană, aveți o amprentă sufletească, un spirit divin care vă cheamă mereu pe o cale superioară de împlinire. Nu contează cât de mult te îndepărtezi de această cale sau cât de bolnav sau deconectat devii. Amprenta sufletului tău te va chema întotdeauna înapoi și se folosește de corpul tău pentru a face acest lucru. Chiar dacă abuzurile timpurii m-au determinat să mă închid și să mă deconectez pentru a mă proteja în cea mai mare parte a copilăriei mele, a existat întotdeauna o altă latură a mea care a rămas latentă. În diferite momente ale călătoriei mele de vindecare, aceasta apărea ca și cum mi-ar fi amintit că așteaptă cu răbdare să fiu conștientă.

Mulți dintre oamenii cu care lucrez și care au depășit abuzul sunt adesea capabili să recunoască, din locul lor de vindecare, că au fost întotdeauna conștienți de o parte din ei care nu era exprimată, o altă latură pe care o știau cumva ca fiind adevărul lor dintotdeauna. În viața mea de astăzi, funcționez mai constant din acest loc. Este posibil să fi experimentat ceva similar - momente de conștiință sau de conștientizare în care vezi totul pentru ceea ce este dincolo de realitatea ta actuală.

Acest aspect al tău - amprenta sufletului tău - este cu totul unic pentru tine. Este propria ta semnătură. Și este datoria ta, singura ta datorie, să îi permiți să își lase amprenta. Faci acest lucru prin lărgirea gândirii tale limitate despre tine, care serveşte apoi la iluminarea semnăturii tale spirituale în lume. Dacă îi permiți, corpul tău te va ajuta să faci asta.

PSIHOLOGIA SUFLETULUI

În calitate de cop profesional, din experiența mea reiese că psihologia tradițională nu dispune de instrumentele necesare pentru a ajuta persoanele să dobândească sinele sufletesc pe care îl caută. Cu siguranța nu a fost aşa pentru mine. Cu toții suntem în căutarea sentimentului de integritate, fie că suntem singuri sau alături de o altă ființă umană. Dar ce este acest sentiment aparent eluziv? Îl puteți descrie în multe feluri: energie, conexiune, căldură, deschidere, expansiune, vitalitate. Eu îi spun trăire radicală.

Atunci când pierzi contactul cu adevărata ta natură şi devii înrobit de roluri, comportamente şi mentalități inflexibile, suferi. Te îndepărtezi de locul tău adevărat şi autentic. Din fericire, prin schimbare şi transformare personală, vă puteți elibera de aspectele înguste şi limitative ale educației şi condiționării voastre timpurii. Fiecare nuanță, eveniment, imagine şi incident din viața ta este o sursă de informații psihologice şi spirituale vitale, iar aceste informații îți sunt accesibile pentru că sunt stocate în corpul tău. Odată ce vă acordați la acest aspect sufletesc, el vă va oferi exact îndrumarea de care aveți nevoie pentru evoluția sufletului vostru și pentru a trăi radical.

TRĂIND RADICAL DE VIE

Fiecare dintre noi are posibilitatea de a trăi o viață radicală. De-a lungul anilor, am folosit și am dezvoltat instrumente și tehnici pentru a-i ajuta pe oameni să facă exact acest lucru. Este ceea ce eu numesc trăirea ta ROAR® - Realitatea ta Radicală, Orgasmic de Vie. Pentru a ajunge acolo, însă, va trebui probabil să slăbiți câteva kilograme. Dacă ești ca mine, asta ar putea fi destul de literal, dar eu mă refer în mod expres la bagajul mental și emoțional. Oricum ar fi, va însemna să te reconectezi cu sufletul tău prin înțelepciunea înnăscută a corpului tău.

Cum faceți acest lucru? Începi prin a exploata puterea vindecătoare din tine. Pentru ca muzica divină a vieții să fie interpretată prin tine, ego-ul va trebui să treacă pe un loc secundar. Toate acele idei fixe și credințe pe care le-ai acumulat din momentul în care ai fost conceput trebuie să dispară, astfel încât energia ta să se alinieze cu conștiința superioară.

Sună ca un obiectiv imposibil? Pentru că, de fapt, nu este deloc un obiectiv. Este un proces pe care l-am descoperit în munca mea și care se reduce la un concept simplu: să te iubești din interior spre exterior și să fii un bun prieten pentru tine, pentru că îți dorești să fii ceva diferit. Adevăratul tu, ascuns sub curentul egoului tău și al eului de supraviețuire care activează în mod intrinsec strategiile tale de apărare în subconștient.

SECRETUL SE AFLĂ ÎN INTELIGENȚA CORPULUI TĂU

La fel ca micul copil al cărui corp i-a vorbit în acea zi cu bunica sa, corpul tău îți va vorbi. Vă va spune lucruri pe care nu vi le puteți imagina în acest moment despre cum să vă vindecați, cum să iubiți, cum să trăiți, cum să fiți, deoarece corpul vostru este conectat la inteligența universului. Întrebarea care se pune este: cum au ajuns viețile noastre atât de nepotrivite, complicate și dificile? Mai important, ce puteți face pentru a schimba acest lucru, astfel încât să puteți auzi soluțiile, dragostea și sprijinul pe care corpul vostru le are pentru voi?

Înțelegerea răspunsurilor la aceste întrebări și lucrul cu aceste informații vor avea un efect profund asupra vieții tale, transformând literalmente fiecare relație pe care o ai - cu banii și munca, cu sănătatea și bunăstarea, cu cei dragi și cu cei mai puțin dragi și, mai presus de toate, cu tine și cu lumea. Indiferent de provocările și problemele pe care le aveți, vă promit că va merita să le înfruntați. S-ar putea chiar să descoperi, la fel ca mine, că "mizeria ta este mesajul tău" și că scopul tău este strâns legat de călătoria ta către integritate.

Puneți-vă aceste întrebări:

Care este mesajul din "dezordinea" ta în acest moment?

Corp, arată-mi ce să fac pentru a schimba acest lucru acum?

Care este următorul pas sau acțiune acum?

Exersați folosirea acestei propoziții stem după: "Nu știu cum... Știu doar că va fi. Vă mulțumesc. S-a făcut!"

De exemplu:

1. Nu știu cum să pun o întrebare și să ascult corpul răspunzând.
2. Știu doar că va fi.
3. Mulțumesc. Este complet!

CAPITOLUL 2: CE TE ȚINE PE LOC?

Care este povestea corpului tău?
Când ați creat-o?
Sunteți mulțumit de această poveste?
Are nevoie de un sfârșit și de un nou început?
Sau un capitol nou?
Sau o carte complet nouă sau aspect?

Ce vă împiedică să vă creați o viață pe care o adorați? Ce te ține blocat? Într-un cuvânt: tu însuți. Tu ești cel care îți blochează adevăratele talente, daruri, nevoi și dorințe, fie că ești conștient de acest lucru sau nu. Lucrând cu oamenii, am descoperit că ceea ce te ține adesea pe loc este un fel de refuz:

1. Un refuz de a alege pentru tine doar pentru că poți.

2. Un refuz de a practica iubirea de sine.

3. Un refuz de a accepta că meriți tot binele - nu ceva, nu puțin, ci tot.

4. Un refuz de a accepta că poți alege orice vrei și că nu trebuie să aștepți nimic, nici măcar bani sau permisiune.

5. Un refuz de a alege ceea ce îți dorești și de a merge după asta și de a crea activ acel lucru.

Toată lumea caută mereu pastila magică: Dacă fac asta.... Dacă obțin asta... atunci pot. Dar de fapt nu așa funcționează lucrurile. Este mai degrabă așa: Eu vreau asta. Îmi doresc asta. Asta mă va face fericit. Cum să creez asta?

Ce anume vă împiedică să creați și să acceptați lucrurile care v-ar face fericiți? Și de ce ați refuza vreodată ceea ce vă doriți cu adevărat? La un nivel conștient, nu ai face-o, desigur. Dar la un nivel inconștient? Oh, da.

Exercițiu de jurnal

Scrie zece lucruri

1. Pe care le vrei.

2. Pe care le dorești.

3. Care te vor face fericită.
4. Ești dispusă să le faci ca să creezi ceea ce ai scris mai sus.

Distracții, bariere și deflector pentru darurile și creativitatea ta

Singurul lucru care ne împiedică vreodată să fim, să facem și să avem ceea ce ne dorim sunt convingerile noastre inconștiente - convingeri fundamentale sau de bază care au fost, în cea mai mare parte, formate în copilărie prin intermediul părinților sau al strămoșilor sau al culturii în general, sau pur și simplu prin interacțiuni și experiențe cu lumea din jurul nostru și care funcționează acum pe pilot automat. La acel moment, ele aveau sens pentru noi. Ne spuneau cum funcționează lumea. Ne-au ținut în siguranță. Ne-au spus cine suntem - sau cine nu suntem - în ea. Erau regulile jocului care ne permiteau să funcționăm sau să ne descurcăm în mediul în care ne aflam. Astăzi, însă, ele trăiesc în subteranele obscure ale subconștientului nostru, infuzând fiecare aspect al ființei și vieții noastre, și rămân invizibile pentru noi, cu excepția rezultatelor pe care le produc.

Oamenii care vin în biroul meu sau la atelierele mele sunt adesea nedumeriți, în cel mai bun caz, de ce viața lor nu funcționează așa cum și-au imaginat. De ce nu sunt capabili să creeze relații pline de bucurie, cariere atractive și productive sau abundență financiară? De ce nu pot fi fericiți? Pentru că convingerile lor inconștiente conduc spectacolul în fundal, oricât de învechite și depășite ar fi ele. Din păcate, acestea nu dispar doar pentru că nu mai sunt utile.

Acesta este motivul pentru care ne luptăm să schimbăm lucrurile, pentru că ne lovim de aceste convingeri ascunse, convingeri care pot fi observate doar prin comportamentele, emoțiile și acțiunile noastre sau prin situațiile sau condițiile care apar în viața noastră. Oamenii suferă, nu creează și se împotmolesc în lucruri de care chiar nu au nevoie. Aceste convingeri produc limitările tale, uneori unele în care nici nu știi că trăiești. Ca niște nisipuri mișcătoare, ele te vor doborî și te vor ține acolo.

Am ajuns să recunosc că multe dintre convingerile de bază cu care se luptă oamenii sunt de natură universală și arată într-o singură direcție: spre ura de sine la un anumit nivel.

URA DE SINE

Ura de sine are mai multe feţe: Sunt rău. Sunt greşit. Sunt de neiubit. Nu sunt important. Eu nu contez. Se manifestă într-o multitudine de moduri şi acţionează ca auto-sabotaj. Desigur, nu ştim că este auto-sabotaj. Întotdeauna arată ca altceva:

1. Procrastinare
2. Compararea cu alţii
3. Furia
4. Victimizarea
5. Proiecţie/Învinovăţire
6. Plângere/Critică
7. Scuze
8. Frica
9. Îngrijorare/Anxietate

Ura de sine afectează ceea ce eu numesc "cele trei lucruri importante": sănătatea, finanţele şi relaţiile. Acestea sunt domeniile în care majoritatea oamenilor au nevoie de ajutor la un moment dat şi primele trei motive pentru care majoritatea clienţilor vin la terapie. În momentul în care ajung, problemele lor sunt de obicei în plină desfăşurare: sănătate precară, datorii paralizante care sporesc stresul şi anxietatea, relaţii toxice. Acestea sunt toate forme de auto-pedepsire.

Din păcate, de multe ori oamenii nu realizează că există semnale mai timpurii ale credințelor inconștiente în joc, cum ar fi cele pe care le-am enumerat mai sus, în parte pentru că sunt atât de comune și "acceptate".

JUDECATĂ

În centrul urii, îndreptată către sine sau către orice altceva, se află "judecata" - o decizie cu privire la ceea ce este rău (și, prin urmare, și bun). Atunci când judeci ceva, în esență, operezi cu un punct de vedere fix... și orice punct de vedere fix te deține. Îți îngustează perspectiva și, ori de câte ori pierzi perspectiva, pierzi puterea. Acționați altfel decât ați vrea de fapt să acționați și apoi vă simțiți prost din cauza asta, ceea ce nu duce decât la mai multă judecată.

Dacă vă uitați cu atenție la natura judecății, puteți vedea că este un amalgam al trecutului și al oamenilor din acel trecut. Poate fi eliberator să știi că majoritatea gândurilor de judecată pe care le ai nu provin de fapt de la tine. Ele au fost transmise și transmise din timpuri imemoriale. În acest sens, ele nu vă aparțin. Cu toate acestea, cu cât permiți judecății să te alimenteze și să te țină închis în acea realitate limitată - ca un animal în cușcă - cu atât mai mult păstrezi abuzul și boala judecății în corpul tău, în mintea ta și pe acest pământ.

Când oamenii îți spun lucruri, fie că știi sau nu, îți faci una dintre acele convingeri inconștiente despre tine. Și apoi, de fiecare dată când ceva pare, miroase sau are un gust asemănător, acea credință inconștientă se ridică în tine, în "cușca" ta, și spune: "O, da, asta!" O altă bară este pusă, sau întărită, în cușcă. Și astfel, toată viața vă apărați împotriva posibilității de a vă conecta vreodată cu energia voastră înnăscută frumoasă. Crezi că e ceva în neregulă cu tine. Totul se întâmplă într-o fracțiune de secundă, dincolo de conștiința voastră, iar singurul lucru pe care îl știți este că, atunci când faceți muncă de vindecare prin energie spirituală, nu vă puteți conecta atât de mult pe cât știți că puteți, din cauza convingerilor inconștiente.

A trece dincolo de judecată include judecata ta și a celorlalți - pentru că ceea ce judeci la ceilalți este pur și simplu o reflectare a ceea ce judeci în tine.

CUȘCA

O cușcă este o metaforă utilă pentru a descrie structura invizibilă și auto închisoarea care îi încapsulează pe oameni în realitatea lor limitată. Îmi amintesc că am lucrat odată cu un vindecător puternic care a spus: "Doamne, structurile interne ale corpului tău - e ca și cum ai avea oțel în jurul șoldurilor și oasele tale sunt pline de fontă". Aceasta este cușca: idei și credințe interiorizate despre tine și despre viață care se întăresc și se temperează în timp, gratii invizibile care te țin prins în limitele punctului tău de vedere fix. Cușca vă leagă de anumite realități trăite ca: "Asta este. Este ceea ce este", în loc să îți trăiești viața ca pe o creație și posibilități nesfârșite, care este adevărata ta natură și semnătura ta spirituală.

CEI PATRU D: NEGAREA, APĂRAREA, DECONECTAREA, DISOCIEREA

Cele patru sunt strategii de coping pe care am descoperit că majoritatea oamenilor le folosesc pentru a-și negocia realitatea, dar care, de fapt, întăresc cușca și blochează totul în loc. Să ne uităm la fiecare dintre acestea.

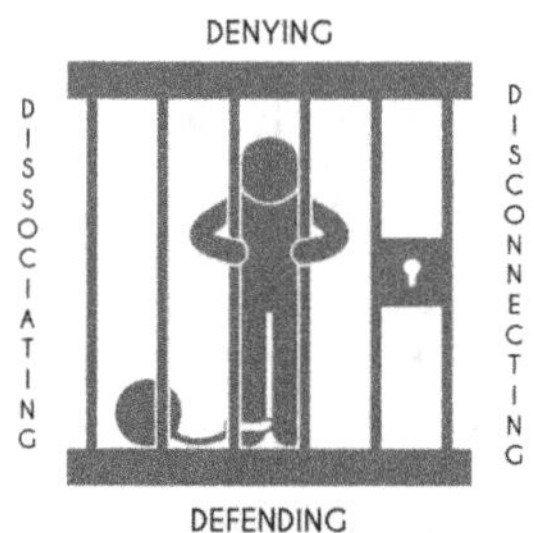

Negarea: A refuza să recunoști existența a ceva.

Negarea nu este neapărat un lucru rău. Așa cum le spun oamenilor în atelierele mele, este în regulă. Putem râde. Râsul este o resursă valoroasă în această muncă profund personală, deoarece vorbim despre lucruri dificile. Să recunoaștem, atunci când suferi o traumă sau ești abuzat, un anumit nivel de negare te ajută să treci mai ușor prin asta. Cu toate acestea, negarea neexprimată vă va conduce direct în convingerile voastre inconștiente. Acesta este modul în care oamenii ajung adulți în oricare sau în toate situațiile următoare: căsnicii nefericite, situații pline de datorii, afaceri nereușite, corpuri bolnave, coșmaruri din cauza faptului că nu au vrut să se confrunte cu traumele lor, și așa mai departe. Negarea neexprimată este adesea prima intrare în cușcă.

Imaginează-ți că cineva se desparte de tine. Simțiți asta în inimă sau undeva în corpul vostru și imediat vă spuneți: "Bine, trebuie să fiu puternic". Asta e negare. Pui frână.

Dar nu aici se termină totul. O faci din nou și din nou și construiești straturi, ceea ce eu numesc "blindarea corpului". Tot ceea ce facem în atelierele mele Roar® este menit să elibereze această armare corporală. Imaginați-vă că sunteți la volanul unei mașini și brusc frânați pentru că o căprioară a intrat pe șosea. Fără să vă dați seama, vă țineți respirația. Căprioara fuge și vă gândiți: Bine... căprioara este bine. Dar nu vă amintiți că ați uitat să respirați. Și acel moment rămâne cu tine chiar dacă s-a terminat.

Același lucru se întâmplă și cu sistemele voastre de convingeri cărora nu le acordați atenție pentru că sunteți atât de puternici și trebuie să continuați să vă mișcați. Asta e armura corpului. Uneori, când îi cer cuiva să respire, amețește. Se simt greu. S-ar putea chiar să înceapă să se înece. Mulți dintre noi nu vrem să respirăm în burtă, pentru că acolo ne sunt emoțiile, sau în piept, pentru că acolo ne este inima frântă. Devine un mod de a trece prin viață.

Oricare dintre cei 4 D are o calitate cu două tăișuri. În cazul negării, negi și măreția darurilor, talentelor, abilităților și capacităților tale, pentru că dacă negi ceva ce se întâmplă, nu negi și ceva despre tine? Unde este limita? Acesta este modul în care începem să dezvoltăm cușca. Pentru a aduce conștientizarea și a începe procesul de schimbare, poate fi la fel de simplu ca și cum v-ați pune câteva întrebări:

1. Ce neg aici?
2. Cum neg?
3. Ce îmi place să neg?
4. NEGAREA - Nici măcar nu știu că mint
5. Ce învățătură pozitivă înveți din această negare?
6. Scrie zece lucruri pe care știi că le negi
7. Scrieți zece lucruri pe care nu doriți să le știți și pe care știți că le știți

Țineți minte că, atunci când începeți să puneți la îndoială aceste apărări, așteptați-vă să vă simțiți inconfortabil. Este ca și cum ai numi ceva ce nu a mai fost numit până acum. Este normal. Aveți încredere în proces.

A se apăra: A rezista.

Apărarea este un mod de a te proteja de rău sau de pericol. Este un mecanism înnăscut. Din nou, nu este întotdeauna un lucru rău. Gândiți-vă dacă cineva se supără pe dumneavoastră. Prima ta reacție este să te aperi, nu-i așa? Dar când totul este din vina altcuiva, sau te trezești apărând totul, sau trebuie să te aperi de cineva care iese din colț și te omoară tot timpul - ei bine, atunci devine o problemă mai mare. Trăiești în gardă tot timpul, lupți mereu cu ceva. S-ar putea să-ți aperi punctul de vedere, judecățile pe care le ai despre tine, o decizie pe care ai luat-o sau pe cineva din viața ta. Sau cineva care a fost în viața ta, cum ar fi un părinte sau un copil. Ridicați constant ziduri sau bariere față de cineva sau ceva - mental, emoțional, psihic sau fizic. De fiecare dată când ceva pare, miroase sau are gustul cuiva care te rănește - de exemplu, pentru că prietenul tău s-a despărțit de tine la 11 ani, iar tu încă te confrunți cu asta și o porți cu tine în fiecare despărțire - te aperi împotriva senzației durerii inițiale, plus a fiecărei alte dureri de acolo.

Reversul medaliei este că, în timp ce vă apărați în acest fel, vă apărați, de asemenea, împotriva oricărui lucru bun care vine. Doar că nu vă dați seama. Cu cei patru D, nu există o linie în nisip care să spună: "Asta e bine... Asta e rău. Păstrează binele. Stai departe de cele rele". Totul este amestecat, iar tu porți asta pe tine. Iată câteva întrebări pe care să ți le pui:

1. Ce apăr eu?
2. Pe cine apăr?
3. Cum mă apăr pentru sau împotriva a ceva?
4. Care este valoarea apărării?
5. Ce îmi place la a apăra? Lupta? Conflictul? Adrenalina?
6. Ce mă învăț atunci când apăr?

Când negi sau te aperi de ceva, îți pierzi perspectiva. Îți dai puterea la o parte. Dacă vă simțiți în mod constant neputincioși, este probabil din această cauză - chiar dacă credeți că este vorba despre situația exterioară. Nu este așa. Realitatea externă este doar lucrul care bate la cușca ta și te întreabă: "Ești pregătit să o schimbi? Ai de gând să îți însușești încă puterea? Sau preferi să suferi?"

Deconectare: A separa sau a retrage.

Ori de câte ori se întâmplă ceva care nu vă place, vă deconectați. Îndepărtezi lucrurile din conștiința ta sau te distanțezi ca o modalitate de a-ți crea siguranță sau confort. Cumva, vă separați de acel lucru. Este posibil să vă deconectați de la durerile sau senzațiile din corp, de la alte persoane, de la amintiri sau de la orice sau oricine ați desemnat ca fiind cauza abuzului - inclusiv de propria ființă. Sau vă puteți deconecta de la visele, obiectivele sau dorințele dumneavoastră.

Deconectarea spune: "Nu vreau să am de-a face cu asta", în comparație cu apărarea sau negarea. În cazul apărării, reacționați la cineva sau la ceva. Vă luptați. Cu negarea, spui: "Nu, nu s-a întâmplat".

Întrebări de pus:

1. Pe măsură ce mă deconectez, mă învăț să...?
2. Ce evit să recunosc ca fiind real?
3. Pe cine văd ca fiind altcineva decât ceea ce este cu adevărat, în loc să înfrunt ceea ce este cu adevărat?
4. Ce tot amân și dau la o parte în loc să înfrunt?
5. CE s-ar întâmpla dacă m-aș orienta către asta?

Disociere: A te deconecta, a te separa sau a te detașa de ceea ce experimentezi în acel moment.

[Notă: Deși acesta este cel mai extrem dintre cei patru D, nu vorbesc aici despre tulburarea de personalitate multiplă, tulburarea de identitate disociativă sau tulburarea de personalitate].

Dacă ați ajuns în acest punct, înseamnă că aveți negarea și apărarea bine purtate. Ca și celelalte D-uri, nu este neapărat un lucru rău. Acesta este modul în care ați supraviețuit până acum în viață. Disocierea înseamnă că ai lăsat o parte din tine nevindecată în trecut. O parte din tine este încă acolo, ceea ce te ține legat de trecut mai degrabă decât de momentul prezent în care te afli. Este o strategie folosită ca o încercare de a scăpa de intensitatea sau gravitatea unui lucru. Puteți să vă disociați de corp sau de bucuria sau durerea sau tristețea sau furia intense.

1. Când simt că alunec într-o lume fantastică în care mă simt ca și cum aș fi un spectator în viața mea, în loc să fiu ancorat în mine însumi?
2. Ce comportamente sunt dovada disocierii mele? Mă pierd ore în șir în televizor fără sens? Să mă amorțesc cu alcool sau alte substanțe?
3. Mă simt ca un străin într-un grup de oameni atunci când aceștia sunt ocupați să experimenteze bucurie, fericire, râs sau chiar tristețe, iar eu mă simt ca și cum i-aș observa pe un platou de filmare?
4. La ce ai ales să renunți prin disociere?

. . .

Întrebări de pus:

Pentru următoarele unsprezece zile, notați și observați un moment în fiecare zi când începeți, continuați sau încetați să vă deconectați.

Ce vă învață această acțiune sau acest comportament?

Ce virtute cultivați? (siguranță, rezistență, iertare, acceptare, bunătate, compasiune sau curaj?)

De obicei, oamenii trec prin cele patru D-uri fără să știe, începând cu negarea: "Oh, ce bine mă simt". Următorul lucru pe care îl știi este că au sărit în apărarea și lupta, unde o ceartă cu un prieten sau partener ar putea suna astfel:

"Nu, este vorba despre tine".

"Lasă-mă să-ți spun asta..."

"De fiecare dată când faci asta..."

Vă sună familiar acest tip de dialog? Adesea le spun clienților mei să fie atenți la ceea ce pun acolo. Pentru că odată ce începeți negarea, înainte să vă dați seama, treceți la apărare și, de acolo, fie mergeți direct la disociere, fie luați o intersecție spre deconectare, dar întotdeauna se termină cu disocierea. Și apoi totul începe din nou. Te întorci la negare pentru că te simți mai în siguranță.

Pe măsură ce examinați rolul acestor strategii de coping în viața voastră și convingerile inconștiente care le alimentează, ajungeți să învățați unde vă sunt limitele, ce puteți face și ce este sănătos. Descoperiți că ceea ce creează boala, lumina gazului, nefericirea, anxietatea și depresia este abandonarea voastră prin strategiile celor patru D - negare, apărare, deconectare și disociere. Iar ideea de a te închide în cușcă este să nu exiști. Da, că nu exiști! Ai citit corect.

EXERCIȚII

1. Îndoiți o bucată de hârtie în două și scrieți cele patru D-uri pe o parte a hârtiei. Închideți ochii și, pe cealaltă parte a hârtiei, reflectați la cazurile în care ați manifestat fiecare dintre cele patru D-uri în viața dumneavoastră.
2. Faceți o listă de persoane, locuri și chiar lucruri pe care le evitați.
3. Pentru oameni, gândiți-vă de ce vă distanțați de ei. Îi văd ceilalți într-un mod semnificativ diferit față de tine? Vă regăsiți "explicând" comportamentele lor atunci când alții își exprimă îngrijorarea cu privire la modul în care vă tratează pe dumneavoastră sau pe alții?

4. Pentru locuri, enumerați fiecare loc și descrieți detalii despre experiențele dvs. trecute în acel loc. Ce s-a întâmplat în acel loc? Ce sentimente îți trezește acel loc? De ce evitați să vă aflați în acel loc?

5. Pentru lucruri, faceți o listă a lucrurilor pe care le-ați pus deoparte sau le-ați ascuns. Ar putea fi un obiect din casă, o bijuterie, o fotografie. Care este prima amintire a acestui lucru? Ce s-a întâmplat prima dată când ați fost prezent cu acest lucru? Vă este teamă să scăpați de acest lucru? De ce?

6. În următoarea săptămână, fiți conștienți de situațiile în care cădeți în cele patru D-uri. Păstrați un caiet cu dvs. și notați fiecare situație. Unde vă aflați? Cu cine sunteți? Ce faceți? Ce simțiți?

Acest exercițiu, dacă te hotărăști să îi acorzi o șansă, o să înceapă conversația cu corpul dumneavoastră, și ești pe calea de aliniere minte, corp, spirit si suflet.

CAPITOLUL 3: CARE ESTE AVANTAJUL TĂU?

Argumentați pentru limitele dvs. și, cu siguranță, acestea sunt ale dvs.

— *RICHARD BACH*

Cuşca, judecăţile, cei patru D - toate acestea sunt mecanisme de adaptare concepute (oricât de inconştient) pentru a vă amorţi de lumea exterioară. Dar amorţirea nu este selectivă. Ea serveşte, de asemenea, pentru a vă amorţi de la experienţa voastră şi a ceea ce sunteţi cu adevărat ca dar în lume.

În esenţă, te amorţeşte frica: frica de a fi văzut, de a fi expus, frica de a crea acea idee pe care o iubeşti. Frica te împinge să acționezi, ceea ce te face să vâslești mereu în amonte, și totul pentru că tu crezi minciunile sinelui fals. Acesta este motivul pentru care îți este atât de greu să creezi realitatea pe care ți-o dorești de fapt - pentru că trebuie să îți pierzi frica, autolimitările, pentru a face asta. Și există beneficii în a rămâne la status quo. Întreaga ta viață de până acum se bazează pe aceste limitări. Este singurul mod în care vă cunoașteți, cadrul pe care l-ați folosit pentru a vă construi sănătatea, corpul, banii și viața financiară, munca și relațiile (sau lipsa acestora).

Este din cauza scenariilor nerecunoscute și nerezolvate din trecut, în care ai decis că ești ceva ce nici măcar nu era adevărat despre tine, dar ai făcut să fie adevărat despre tine, iar apoi a devenit tu. Acesta este modul în care vă conduceți viața. Așa îți atragi relațiile. Așa îți atragi banii. Îți atragi afacerea în acest fel. Îți atragi corpul în acest fel. Și atrageți ceea ce "nu se întâmplă" în viața voastră din acel spațiu al ființei. Vă amintiți de PigPen din desenele animate Peanuts de Charles Schultz? El era cel împuțit care avea mereu un mic nor de praf care se învârtea în jurul său. Aceasta este aceeași energie a acestor sisteme de credințe și se învârte mereu în jurul vostru, atrăgând în același timp ceea ce spuneți că nu vreți. Câmpul vostru energetic vorbește volume, dar cat de conștient ești de lucrul acesta?

BENEFICII NECONȘTIENTIZATE

Pentru majoritatea oamenilor, gândul că ar putea obține ceva pozitiv din toate acestea - oricât de întortocheat ar fi - este de obicei ușor îngrozitor. Face parte din negare. Dar haideți să luăm în considerare unele dintre beneficiile potențiale pe care le puteți obține dacă vă păstrați limitările. Vi se pare cunoscut vreunul dintre acestea?

1. Puterea
2. Siguranța
3. Securitate
4. Control
5. Singur (a fi lăsat singur) sau acordându-și spațiu pentru a se auzi
6. Pace
7. Relaxare
8. Libertate
9. Atenție
10. Dragostea
11. Răzbunare
12. Spațiu
13. A respira sau a avea respirație
14. A fi plin de resurse

Atunci când renunțați la convingerile și limitările inconștiente, deveniți mai congruenți din punct de vedere energetic cu dorințele voastre și începeți să luați măsurile potrivite. Deschideți ușa către posibilități. Dar majoritatea oamenilor nu cred că merită această posibilitate, așa că nici măcar nu vor să spargă cușca. Uite-ți barosul din cuvinte – ELIBEREAZĂ-TE – nu vei regreta!

De ce ați dori vreodată să generați FEAR (False Evidence Appearing Real)?

Există un singur motiv: pentru a vă limita într-o lume a posibilităților, deoarece, la un anumit nivel, aceste posibilități sunt necunoscute și incerte. Așadar, în loc să le înfruntați și/sau consecințele lor percepute, vă limitați și vă mențineți în loc.

Când întreb oamenii: "De ce vă temeți?", ei răspund adesea cu comentarii de genul: "Nu am bani", "Îmi voi părăsi familia și nu mă vor mai iubi", "Nu știu cum, așa că prefer să nici nu mă uit". Uneori spun că implică "prea multă muncă". Sau poate au o boală sau o afecțiune. Există atât de multe motive, și toată lumea le are. "Sunt urât. Mi-e rușine. Sunt o greșeală". Acestea sunt "motivele" pentru care nu se apucă să-și creeze viața. Și, deși sunt de fapt scuze, de prea multe ori oamenii aleg să creadă că sunt adevărate, în loc să creeze o realitate diferită, realitatea pe care vor să o aibă. Dacă acest lucru vi se pare că se întâmplă, încercați să vă puneți următoarele întrebări:

. . .

Ce face ca motivul - sau "neadevărul" - să fie atât de vital încât să preferați să credeți minciuna decât să creați adevărul?

Ce funcție serveşte şi cui serveşte (de obicei nu numai ție)?

Ce beneficii sau câştiguri obțineți din continuarea ei?

Ce învățați?

Cum te motivează acest lucru?

Ce lucruri bune te învață?

Sunteți complet cu acest design astăzi?

Ce vei face ca să schimbi asta?

Cheia aici este să întrebați şi apoi să acordați atenție corpului dumneavoastră, deoarece răspunsurile reale vin prin corp, nu din cap. Atât auziți, cât şi simțiți răspunsul, adesea însoțit de un sentiment de eliberare. De fiecare dată când renunțați la o convingere inconştientă, deveniți mai aliniați cu prezența şi cu semnătura voastră spirituală unică. Riscă pentru schimbare, corpul tău nu te va dezamăgi.

Calea de intrare este să începeți să scuturați gratiile cuștii. Lăsați lacrimile să cadă. Emoția este energie în mișcare. Cușca reprezintă ceea ce ai reținut în corpul tău și nu ai reușit să eliberezi. Puteți deveni conștienți și acordați la greutatea și densitatea a ceea ce până acum a fost invizibil pentru voi. Puneți-vă întrebări precum: "Cine aș fi eu fără limitările mele și cum voi trăi fără ele?" Lasă-ți corpul să răspundă și să-ți ofere posibilități mult mai mari pentru viața ta. Trebuie doar să începeți de undeva.

Întreabă-te următoarele și scrie-ți viziunea prin a răspunde la aceste întrebări:

Îți creezi propriul viitor?

Cum ar arăta viața ta fără acele limitări?

Cine este acolo cu tine?

Ce include ea?

Ce percepeți?

Cum se simte în corpul vostru?

Asta este toleranța - să faci și să faci și să faci pentru că ai nevoie de mai mult pentru a obține același rezultat. În psihologie, se numește acest lucru "teoria dependenței de stare". Înseamnă că nu-ți poți aminti sau schimba sau ajunge la ceea ce vrei să ajungi decât dacă te afli exact în acea stare în care ai creat problema sau ai luat acea decizie care acum este învechită. Acesta este motivul pentru care oamenii se gândesc: "Lasă-mă să beau pentru a ajunge la acea distracție sau lasă-mă să iau droguri pentru a ajunge la acea conștientizare sau rămân in aceiași dinamica toxică, scuzând degradarea și dezamăgirea". Puteți pur și simplu să vă întrebați corpul și să alegeți ce funcționează pentru amândoi.

Realitatea este că puteți ajunge la conștientizarea pe care o doriți. Puteți scăpa de toate minciunile cu care ați trăit. Și puteți ieși din cușcă. Începeți prin a stabili obiective pentru ceea ce vreți să schimbați. Știi dacă ești o persoană irascibilă. Știi dacă dai vina pe toată lumea pentru tot. Știi dacă situația ta financiară s-a schimbat sau nu. Știi dacă ești fericit sexual sau nu. Știi dacă ești fericit în corpul tău sau nu. Știi dacă ești fericit în afacerea ta sau nu. Tu știi. Chiar știi, dar daca nu crezi ca e așa, corpul tău știe, așa că ascultă-l.

Este nevoie doar de curajul de a-ți înfrunta trecutul. Ce este adevărat astăzi? Oamenilor le este atât de frică de asta, dar realitatea este că trăiești în trecutul tău în prezentul tău. Și nu este atât de mult că vă este frică de el - ceea ce este mai înfricoșător este că, la un anumit nivel, beneficiați de el. Sau nu? Aceasta este adevărata voastră cușcă.

. . .

Exercițiu: În interiorul barelor cuștii

Imaginați-vă că vă aflați în interiorul acestei cuști, iar ușa este închisă și încuiată. Cușca are douăsprezece bare. Fiecare dintre bare reprezintă o teamă sau o limitare de care  vă agățați și care vă împiedică să fiți pe deplin vii.

Tăiați o bucată de hârtie în douăsprezece fâșii lungi și pe fiecare fâșie scrieți frica, mesajul, limitarea - orice permiteți să trăiască în creierul vostru și să vă țină pe loc. Pe spatele fiecăreia dintre fâșii, enumerați una sau mai multe acțiuni pe care le puteți întreprinde pentru a scăpa de acea bară de cușcă. La sfârșitul acestui exercițiu, ați putea dori să distrugeți sau să ardeți hârtiile ca simbol al ieșirii din cușcă.

Te provoc.

Ce ai de pierdut?

CAPITOLUL 4: ÎNȚELEPCIUNEA TRUPULUI

Cunoașterea corpului înseamnă să înveți cum să îți asculți corpul, cum să îi răspunzi cu blândețe și să construiți o relație cu el, astfel încât să simțiți că aveți stăpânire asupra sistemului tău și să poți trăi viața pe care ți-o dorești.

— HOLLY BRIDGES

Corpul dumneavoastră este un sistem de navigație, similar unui GPS. Dar oricât de mult ne-am minuna de capacitățile tehnologiei, "tehnologia" propriului nostru corp este mult mai mare - mai ales dacă ne gândim că, fără intuiție (aici), tehnologia (acolo) nu ar exista. Cu siguranță, unele dintre cele mai mari minți ale lumii au recunoscut acest lucru, de la Albert Einstein care a spus: "Toate marile realizări ale științei trebuie să pornească de la cunoștințe intuitive. Eu cred în intuiție și inspirație..." până la Steve Jobs: "Aveți curajul să vă urmați inima și intuiția. Ele știu cumva deja ce vrei cu adevărat să devii. Orice altceva este secundar".

Conștientizarea Intuitivă

Pe măsură ce corpul vostru începe să se alinieze mai mult energetic cu prezența, veți descoperi că este mult mai ușor să vă accesați intuiția și conștientizarea viitorului. Acesta poate fi în sine un motiv pentru care mulți oameni aleg în mod inconștient să rămână în cușca lor. Uneori se pare că ignoranța este fericire și mai puțină responsabilitate. Un viitor cunoscut poate fi la fel de înfricoșător ca unul necunoscut pentru cei neinițiați. A avea acces la intuiție te ferește de probleme.

Intuiția în sine este subtilă, așa că de multe ori se manifestă în moduri mici. De exemplu, s-ar putea să aveți gândul în acea dimineață că partenerul dvs. este supărat pe dvs. deși nu este așa. Ziua merge bine între voi, dar apoi, douăsprezece ore mai târziu, este supărat pe tine. Acest tip de "avertizare" vă poate facilita relația mult mai mult decât să rămâneți blocați în ciclul celor patru D și să nu acordați atenție sau să vă ascultați intuiția.

Acesta este adesea momentul în care universul vă poate "ajuta" să primiți mesajul, dându-vă o lovitură cu un "două-cu-patru cosmic" - de exemplu, vă rupeți un braț căzând de pe cal în perioada în care partenerul dvs. are o aventură despre care nu prea vreți să știți (asta mi s-a întâmplat mie). Sau poate vă tăiați degetul cu cuțitul dimineața și întârziați să vă plătiți facturile. Desigur, aceste evenimente nu par niciodată conectate, dar observați cum vă atrag atenția. Din fericire, aceste experiențe încep să se întâmple din ce în ce mai rar pentru că a) nu aveți nevoie de ele și b) știți intuitiv mai devreme. Acum devine doar o chestiune de a ști dacă vei ține cont de ele.

A fi în comuniune cu corpul tău nu este același lucru cu "munca corpului". Chiar dacă am avut ani de zile de diverse forme de "lucru cu corpul" - atât pentru mine, cât și în facilitarea pentru alții - abia în ultimii ani am intrat în armonie cu corpul meu. Acum îmi dau seama că acesta îmi vorbea mereu, indiferent dacă îl ascultam sau nu. Diferența astăzi este că nu numai că el continuă să-mi vorbească, dar și eu îi vorbesc în fiecare zi. Este o comunicare bidirecțională.

Obișnuiam să mă simt atât de inconfortabil în corpul meu. Simțeam că am insecte sub piele. Aveam toate aceste energii ale altor oameni în și pe corpul meu - realitățile altor oameni. Nu aveam o părere prea bună despre mine și aveam o listă lungă de judecăți despre ceea ce credeam eu că sunt. Abia când am ales să mă uit în interior, am descoperit că nu era ceea ce mâncam - ci ceea ce mă mânca pe mine. Am crezut că a avea un corp este urât, că plăcerea este rușinoasă, că a fi femeie înseamnă a fi abuzată. Acesta este genul de gândire cu care mi-am hrănit corpul pe care nu-l putea "digera", iar oglinda era că nici el nu putea digera sau metaboliza mâncarea mea. Iar atunci când corpul tău nu poate sau nu digeră ceea ce îi dai de mâncare, inflamația se acumulează și poate cauza creșterea în greutate.

În cazul meu, a fost o separare între minte și corp și abia când am început să-mi cercetez și să-mi ascult corpul a început să se schimbe. Ce vrea să spună acea durere sau durere? Cui îi aparțin acea durere și acea durere? Ce decizie am luat? Și la ce concluzie am ajuns? Cum mi-am trăit viața și cum mi-am modelat modul în care îmi trăiesc viața în funcție de aceste decizii și concluzii? Cum mi-am modelat corpul în funcție de aceste decizii și concluzii? Pentru că dacă tu crezi că ești rău, greșit, rău, teribil, rușinos, îngrozitor sau urât, corpul tău ar putea reflecta aceste lucruri în felul în care arată, se modelează, se formează și se simte.

De aceea îl numesc corpul schimbării, un corp al posi-bilității. Pe măsură ce vă schimbați percepția, corpul vostru se schimbă pentru a se potrivi cu percepția voas-tră. Dar acest lucru nu se întâmplă întâmplător. O eliberați prin angajamentul și alegerea de a fi un bun prieten pentru voi înșivă, de a fi o expansiune cu versus contracție împotriva voastră. Atunci corpul tău este prietenul tău, vehiculul prin care îți trăiești viața, colaborând activ cu tine pentru ceea ce este mai expansiv pentru cele mai mari dorințe ale tale, pentru ceea ce îți face inima să cânte. Aveți o nouă relație cu voi înșivă. Vă simțiți bine personal și profesional și, ca o superputere, intrați în acțiune pentru a vă crea viața cu plăcere, ușurință și bucuria de a trăi.

Aceasta este promisiunea și puterea de a crea un dialog și de a deschide liniile de comunicare cu corpul tău, deoarece atât problema, cât și rezultatul există în comunicare, în povestea pe care ți-o spui. Atunci când schimbați povestea, schimbați rezultatul.

Corpurile noastre sunt capabile să se schimbe și este nevoie de o singură alegere pentru a provoca această schimbare, și anume să fii în comuniune - în conversație - cu corpul tău. Și nu trebuie să fie o alegere "importantă".

SCHIMBAREA DE UN GRAD

Robert Tennyson Stevens

Dacă ești dispus să simți un singur sentiment pe care nu l-ai mai simțit până acum în legătură cu o anumită situație din viața ta - cu tatăl tău, cu mama ta, cu șeful tău, cu soțul tău sau cu oricine altcineva - aceasta este o schimbare de un grad. Dacă sunteți dispuși să puneți cuvinte pe un lucru pe care îl știți și pe care nici măcar nu știați că îl știți, aceasta este o schimbare de un grad.

De fiecare dată când lucrez cu clienții, îi întreb: "Care este schimbarea ta de un grad acum? Care este intenția voastră, după ce terminați această ședință?" La un moment dat, o schimbare de un grad pentru mine a fost: "Indiferent ce se întâmplă, astăzi, mă voi face fericită. Și voi fi recunoscătoare pentru tot". În acel moment, nu știam cum să fiu fericită sau să fiu recunoscătoare pentru orice, așa că am decis că aceasta a fost schimbarea mea de un grad. Indiferent ce se întâmpla. Chiar dacă era de rahat, urma să fiu recunoscătoare pentru asta.

Altă dată, schimbarea mea de un grad a fost: "Indiferent ce se întâmplă, voi ieși în fiecare zi și voi face o plimbare de 30 de minute. O voi cronometra pe telefon și nu voi face nicio afacere". Curând, cele treizeci de minute au devenit o oră, iar apoi ora a devenit o oră și jumătate. Apoi nu am mai vrut să mă întorc la muncă, dar când m-am întors, dacă a trebuit să mă întorc la muncă, a fost întotdeauna mai bine, pentru că am avut spațiu. Asta e ceea ce face o schimbare de un grad. Vă oferă spațiu. Când eliminați din conștiința voastră celulară, din corpul vostru, convingeri precum: sunt o greşeală, nu sunt iubit, mi-e ruşine, nu sunt nimeni, sunt un impostor, vă simţiţi mai uşori şi mai liberi. Aceasta este o schimbare de un grad.

Ce ar fi o schimbare de un grad pentru voi? Ar putea fi la fel de simplu ca confruntarea cu ceva din trecutul tău (am spus simplu, nu uşor). Sau ar putea fi să recunoaşteţi cât de scăpat de sub control vă simţiţi. Puneţi asta în lumea voastră. Poţi să o spui cu voce tare sau să o şopteşti pentru tine. Apoi scrieţi-o. Fă-o reală.

Ce este o schimbare de un grad pentru mine?

Iată o listă de idei pentru a vă începe ziua cu energia de a face schimbări de un grad:

- Compromiteţi-vă în fiecare dimineaţă să scrieţi o schimbare de un grad pentru ziua respectivă.
- Păstraţi documentul scris cu dvs. şi citiţi-l cu voce tare de mai multe ori pe zi. (Cartonaşele index funcţionează bine pentru acest exerciţiu).
- Continuaţi să vă străduiţi să trăiţi acea schimbare de un grad în fiecare zi.
- Astăzi schimbarea mea de un grad este...
- Astăzi o recunoştinţă este...
- Astăzi o acţiune este...
- O schimbare de un grad pentru mine este...

CORPUL CA PRIETEN

Nu uitați, Roma nu a fost construită într-o zi și nici sistemele voastre de convingeri. Dacă aveți o poveste de treizeci de ani, probabil că nu veți renunța la ea dintr-o singură lovitură. Aveți răbdare cu dvs. și răbdare cu munca. Un lucru pe care te poți baza este că organismul tău îți va spune adevărul și te va ghida să ieși din încurcăturile din viața ta. Cineva mi-a împărtășit recent următoarele:

Corpul tău este prietenul tău intim, un cel mai bun prieten care nu te-a mințit niciodată și nici nu o va face. Ia în considerare aceste semne distinctive:

Corpul tău:

- este neclintit în angajamentul său față de tine și există doar pentru a te sprijini în atingerea scopului tău suprem.
- nu se plictisește niciodată de tine, indiferent de modul în care îl tratezi.
- îți oferă un feedback incredibil, "imaginându-ți" și reflectându-ți starea de spirit, fără să te judece.
- este receptiv la fiecare comandă a ta.
- este proiectul tău, creația ta, darul tău pentru lume.

- nu vă va rătăci niciodată, nici măcar pentru o clipă.
- este devotament pur la cheremul tău.

Adesea, oamenii nu vor să intre în corpul lor, pentru că, dacă o fac, își vor aminti trecutul, deoarece corpul lor își amintește totul. Mintea voastră este cea care nu-și amintește. Mintea voastră nu vrea să își amintească. Dar corpul vostru își amintește totul. O femeie cu care am lucrat într-un atelier a fost atât de hotărâtă să rămână în capul ei, indiferent de câte ori i-am cerut corpului ei să răspundă corect. Ea tot spunea că este "expansivă", că este corpul ei, dar eu îmi dădeam seama că răspundea din capul ei. În cele din urmă, s-a deschis față de corpul ei. Nu se opunea intenționat - era inconștientă. A fi în corpul ei era dureros pentru că ea întruchipase o convingere despre faptul că era urâtă. Voia să stea departe de a fi rănită și prefera să fie în viitor sau în mintea ei decât să fie în prezent.

Realitatea este că, oricât de înspăimântător ar părea acest lucru, frica în sine este generată de mintea voastră și reprezintă doar aproximativ zece procente din voi. Așadar, navigarea într-o astfel de experiență înseamnă de fapt trecerea de la concentrarea doar pe această parte de zece procente din tine - mintea ta - la cele nouăzeci de procente din tine care sunt corpul tău.

Simțirea vă va aduce mai aproape de adevărul despre cine sunteți decât gândirea.

— *ECKHART TOLLE*

Corpul tău este un dar. Este o posibilitate. Nu este o mantie moartă pe care o purtați cu voi. Și vă va vorbi dacă îi permiteți. Dar trebuie să îl ascultați mai întâi pe el, nu ceea ce spun ceilalți.

Pentru că dacă te concentrezi asupra corpului tău, lucrurile se vor schimba. Întreabă-te: Ce sunt conștient că nu am schimbat și corpul meu ar dori să schimbe? Ce mi-ar crea mai multă ușurință sau pace? Apoi ascultați. Și ascultați energia din ea, nu doar răspunsul.

Privind în urmă, am văzut că energia iubirii, a spațiului și a faptului că mă simt bine în pielea mea, mai degrabă decât gândurile autodistructive sau convingerile care mă sabotează pe mine însămi, a schimbat totul în modul în care privesc viața din interior spre exterior și din exterior spre interior. Corpul nostru este un organism de comunicare senzorială - tot ceea ce exprimă este o comunicare a ceva. Întrebarea este: ce anume îți spune corpul tău? O modalitate de a afla este observând cum vă extindeți sau vă contractați atunci când aveți un gând. Așadar, întreabă-te chiar acum: Corp, ești fericit acum? Ce simți? Expansiune sau contracție?

DA SAU NU

Gândiți-vă la corpul dumneavoastră ca la un fel de "meditație senzorială". Vă puteți folosi corpul pentru a vă acorda la informațiile de care aveți nevoie și pe care le puteți ignora pentru a lua decizii. De exemplu, am o afacere internațională și mă voi consulta cu corpul meu pentru a ști pe ce zone este mai bine să mă concentrez. Ar trebui să mă concentrez acum pe Turcia, Olanda sau Spania? Sau dacă am un fel de durere sau tensiune în corp, sau am un conflict într-o relație, primul lucru pe care îl pun corpului meu sunt întrebări de genul acesta:

1. De ce am refuzat să fiu conștient?
2. La ce am renunțat?
3. Unde este necesară atenția mea acum?
4. Cum de am prevăzut acest lucru și nu i-am acordat atenție?

Corpul tău, ca sistem de ghidare înnăscut, nu te va dezamăgi. Acesta va comunica cu voi și are un mod special de a vă oferi răspunsuri la întrebările voastre, un mod în care vă spune "Da" sau "Nu". Corpul nu face "poate". În general, un "Da" se va simți expansiv, iar un "Nu" se va simți contractiv într-o anumită parte a corpului, sau poate în general. Fiecare persoană trebuie să își descopere și să își cultive propriul sistem unic de "mesaje". Aflați ce înseamnă un "Da" în corpul vostru, ce înseamnă un "Nu". De obicei, veți simți o senzație în corpul vostru și aceasta va avea o descriere. De exemplu, s-ar putea să simțiți tensiune în stomac. S-ar putea să aibă o culoare asociată cu ea. Sau poate o simțiți în cap sau în inimă. Când începeți să deveniți mai conectați și mai conștienți de corpul vostru, s-ar putea să realizați că o mare parte din viața voastră ați trăit într-o stare contractată. Marea schimbare este trezirea la acest lucru, astfel încât să puteți începe să trăiți în expansiune și posibilitate.

Un început simplu:

Spuneți-vă numele cu voce tare.

"Numele meu este..."

Observați unde simțiți acea cunoaștere în corpul vostru?

Acea senzație este "Da-ul" vostru.

Acum spuneți: "Eu sunt o broască".

Observați unde reacționează corpul dumneavoastră?

Acesta este "Nu".

Joacă-te cu asta zilnic.

Bine ați venit la adevăratul vostru sistem de navigație - corpul vostru!

Viața ta nu se îmbunătățește din întâmplare, ci prin schimbare.

— *JIM ROHN*

Pe măsură ce evoluați și vă schimbați, "Da"-urile și "Nu"-urile voastre se schimbă și ele. Uneori este vorba de oamenii pe care îi atrageți în viața voastră, de tipul de haine pe care le purtați sau de activitățile în care vă angajați. Lucrurile la care spun "da" acum sunt foarte diferite de cele de pe vremea când beam alcool, de exemplu. Și ceea ce refuz acum este diferit pentru că există o sinergie cu direcția în care mă îndrept. Am ținte diferite de dorință și ceea ce actualizez. Înainte încercam doar să navighez prin toate modurile în care mă identificam cu lumea și cu convingerile pe care le purtam și care nu erau în concordanță cu amprenta sufletului meu.

Când trăiești separat și fragmentat de corpul tău, totul este separat și fragmentat. Deci, de exemplu, dacă încercați să creați ceva în afacerea voastră, s-ar putea să dați roade, dar va fi greu. Va fi prea târziu, în grabă sau altceva. Pe măsură ce deveniți mai congruenți cu amprenta sufletului vostru, veți atrage diferiți oameni pe care nu i-ați putut atrage anterior, deoarece erați atât de fragmentați. Avem tendința de a atrage oameni la nivelul sau sub nivelul propriei noastre fragmentări sau deconectări. Energiile se potrivesc cu luptele noastre și, ca rezultat, exact asta se arată.

SENSIBILITATE LA LUMEA DIN JURUL TĂU

Corpurile noastre sunt extrem de sensibile la lumea din jurul nostru și, fără să ne dăm seama, purtăm energia altor oameni pe propriul corp. Dar puteți deveni conștienți în orice moment în care alegeți să faceți o pauză și să vă interesați. De câte ori v-ați trezit foarte obosiți și prost dispuși, deși v-ați culcat bine și ați dormit bine? Despre ce a fost vorba? Este conectat la ceva. De ce sunteți conștienți? Cine îți vine în minte chiar acum, când te gândești la asta?

În atelierele mele predau o mulțime de tehnici de vindecare energetică pentru a-i ajuta pe oameni să limpezească și să disipeze aceste energii, ceea ce le dă multă ușurare. Mai important, ei învață cum să devină ei înșiși conștienți de conexiuni. O persoană s-a trezit cu migrenă, dureri de gât și de spate. Am reușit să ajungem la întreaga situație doar punând întrebări ca acestea:

- De cine sunteți conștient?
- Dacă durerea ar putea vorbi, ce ar spune?
- A cui durere ești tu?

Nu tot ceea ce experimentați își are rădăcinile într-o experiență din trecut. Cu cât vă străduiți mai mult să vă curățați trecutul și impactul pe care acesta îl are asupra prezentului dumneavoastră, cu atât mai mult puteți detecta energiile din lume. Ceea ce simțiți ar putea fi legat de cineva pe care îl cunoașteți sau s-ar putea să vă simțiți ca un copil care suferă în Arabia Saudită. Facem acest lucru pentru că, în calitate de oameni, suntem ființe energetice și organisme senzoriale moleculare conectate la toți și la toate.

Suntem una la nivel cosmic. În loc să ne întrebăm de ce este așa, este mai benefic să ne concentrăm pe întrebarea: "Ce pot face cu această energie acum că știu că nu este a mea?" Și există multe modalități de a renunța la energie. Puteți să o dați pământului, să o trimiteți luminii, să îi trimiteți iubire, să vă puneți în genunchi și să vă rugați, sau să o loviți cu pumnul într-un sac. Ideea este să înveți să discerni între ceea ce este al tău și ceea ce este al altcuiva. Ca și copil, credeți că tot ceea ce gândiți și simțiți este al vostru, când, ca ființă extrem de sensibilă și conectată, aveți de-a face nu doar cu mama, tatăl, frații și surorile, mătușile și unchii, profesorii... și Dumnezeu știe cu cine altcineva în orice moment dat.

EXERCIȚIU: (SUGEREZ SĂ FACEȚI ACEST LUCRU DE TREI ORI PE ZI TIMP DE 21 DE ZILE)

1. Scrieți mesajele pe care le aveți despre propriul corp. Obiectivul este să scoateți aceste mesaje din capul dumneavoastră și să le admiteți pe hârtie. Pentru a vă ajuta în acest exercițiu, ar putea fi util să vă gândiți la comentariile negative pe care vi le faceți în propriul cap. Scrie acum zece convingeri sau fraze despre tine.

2. Reflectați asupra corpului dumneavoastră fizic. Îl iubiți? Pentru ce îl criticați? Greutatea? Aspect? Mișcarea? Scrie acum zece critici la adresa corpului tău. Notă: acestea pot fi aceleași/similare ca cele de mai sus.

3. Care sunt "neplăcerile" pe care le resimțiți în corpul dumneavoastră? Sunteți predispus la boli? Aveți dureri și suferințe constante? Vă confruntați frecvent cu dureri de stomac? Vi

se întâmplă vreodată să vă țineți respirația?
Când și de ce? Scrieți zece displăceri sau
disconforturi din corpul dumneavoastră
acum.

4. Închideți ochii.

5. Puneți o mână pe timus (centrul inimii) și o
   mână pe osul pubian (abdomenul inferior).

6. Lasă-ți maxilarul în timp ce respiri pe gură de
   trei ori.

7. Acum prindeți energia cu mâinile voastre
   psihice și puteți să vă folosiți mâinile reale și să
   o aruncați...

8. În jos, spre pământ, de cinci ori.

9. În sus spre cer de cinci ori.

10. În fața ta de cinci ori.

11. Acum, respirați din nou prin gură de trei ori.

12. Extindeți-vă și atingeți cele patru colțuri ale
    camerei în care vă aflați cu mâinile pe timus și
    pe osul public, simțind picioarele pe podea.

13. Amplasați-vă până la cele patru colțuri ale
    orașului în care vă aflați.

14. Amplasați-vă la cele patru colțuri ale statului în
    care vă aflați.

15. Extindeți-vă la cele patru colțuri ale țării în care
    vă aflați.

16. Extindeți-vă la cele patru colțuri ale
    pământului, ca și cum ar exista patru colțuri ale
    pământului.

17. Extindeți-vă la cele patru colțuri, dacă ar exista, ale universului.

18. Observați diferența? Ce este nou?

19. Scrieți și/sau spuneți următoarele cu mâinile încă pe timus și osul pubian:

20. M-am schimbat!

21. Știu că m-am schimbat!

22. Știu că m-am schimbat pentru că...

CAPITOLUL 5: VINDECAREA DECONECTĂRII

Oamenii au oportunitatea de a trece acum de la o viață axată pe frică și alimentată cu adrenalină la o viață plină de inteligență corporală. Inteligența corporală ne extinde perspectiva dincolo de frică, la înțelepciunea bogată, milenară, pe care o purtăm în celulele noastre.

— *GAY HENDRICKS*

Încrederea în tine și în înțelepciunea corpului tău poate veni doar atunci când îți permiți să nu mai fii în universul altora și să te judeci prin ochii altora. Nu trebuie să îți justifici valoarea sau valoarea.

Multă vreme, am simțit nevoia să le spun oamenilor în ce eram implicată sau ce certificare obțineam, iar acest lucru provenea din ceea ce mi-ar fi oferit acceptare, ceea ce mi-ar fi oferit promovare, ceea ce mi-ar fi dat impresia că am dreptate sau că sunt bună sau mai bună. Abia când am reușit să nu mai privesc din perspectiva altora, mi-am găsit-o pe a mea. Și nu s-a întâmplat peste noapte, dar a început cu acel moment la calculator în care vorbeam cu corpul meu.

Am început să îmi explorez și să îmi cultiv relațiile într-un mod diferit, concentrându-mă mai întâi pe relațiile personale, cele "de afară". Apoi m-am uitat intens la relațiile mele "interioare": relația mea cu mine însămi, relația mea cu sănătatea, relația afacerii mele cu banii, finanțele personale și relația mea cu banii. M-am scufundat: sunt fericită? Deloc surprinzător, am descoperit că nu eram fericită. Și nu eram fericită cu ceea ce cream sau cum cream.

Dacă sunteți cineva care este nefericit, dar nu a mărturisit acest lucru și a făcut tot posibilul să ignore de ce, aveți o mulțime de companie. Complacența are avantajele ei, cel puțin până când apare ceva în viață care ne zguduie cușca. Un bun exemplu în acest sens este anul 2020, când am avut o pandemie mondială care a forțat oamenii să stea în casă. Am fost blocați acasă cu oamenii cu care trăim. În aceste condiții, este destul de greu să ignori cum sunt ei cu tine și cum ești tu cu ei...

sau cum ești tu cu corpul tău și cum este corpul tău cu tine... sau cum ești tu cu prietenii tăi și, de fapt, sunt ei cu adevărat prieteni, oricum? Dintr-o dată, nu mai poți ignora ce apare în contul tău bancar și ce nu. Nu mai poți ignora coșmarurile pe care, înainte, le puteai alunga prin a te ține ocupat, a face și a evita. Nu poți ignora frustrarea pe care o simți față de mama sau tatăl tău, sau durerea și devastarea pe care le simți pentru că nu mai sunt aici și modul în care acest lucru ți-a influențat viața.

Dar dacă vreți să vă schimbați viața, nu vă mai puteți baza pe sau tolera acele situații din trecut. Această lucrare este despre "Nu-mi place viața mea și vreau să o schimb". Poate că îți place o parte din viața ta, dar trebuie să fii de o sinceritate nemiloasă pentru a te confrunta și a crea altfel orice parte a realității tale.

Răspundeți la aceste întrebări:

- Numește partea din viața ta care nu-ți place și angajează-te să faci tot ce este necesar pentru a o schimba!
- Numește partea din comportamentul tău care nu-ți place și angajează-te să faci tot ce este necesar pentru a o schimba!
- Faceți alegerea acum. Afirmați-o cu voce tare.

- Eu aleg...
- Acum, care este acțiunea ta pentru a-ți urma alegerea? Nu contează care este aceasta. Cel mai important este că există o acțiune.
- Eu fac...
- Numește o recunoștință pe care o ai acum...
- Sunt recunoscător pentru că...
- Sunt recunoscător pentru...
- Sunt recunoscător pentru...
- Acum, observați-vă corpul...
- Salută...
- Îmbrățișează-te.
- Spune: "Te iubesc."
- Spune: "Mulțumesc, Corp."
- Acum, du-te și fii grozav.
- Și continuă să fii tu!

Când am aflat că am o alergie la alcool și am luat decizia de a nu mai bea, a trebuit să învăț cum să trăiesc fără acea cârjă în fiecare zi. Acea soluție a fost înlocuită cu 1° Shifts™ zilnic. Acum exista un spațiu pentru a vedea lucrurile care puteau fi mai bune. Înainte, mi-ar fi plăcut pur și simplu să beau un pahar și să nu văd nimic. Nu-mi lipsea alcoolul - dar nici nu voiam să-mi pierd viața sau responsabilitatea, controlul și crearea realității mele. Această dorință m-a determinat să găsesc sau să dezvolt instrumente și tehnici care să faciliteze evadarea din cuşcă şi din cercul vicios al celor patru D-uri.

Instrumente şi tehnici pentru a vă elibera din cuşcă

1. TEHNICA ROAR

Tehnica Roar® este o tehnică somatică de eliminare a traumelor din trecut pe cale verbală, energetică şi somatică. Ea zboară limitările, acele convingeri inconştiente pe care nu ştii că le trăieşti sunt cele care te ţin bolnav. Este un instrument pe care îl poţi folosi în fiecare zi a vieţii tale, dacă vrei, pentru a te elibera de dureri şi suferinţe. Îmi place să folosesc analogia unui cuptor care se curăţă singur - nu trebuie să aştepţi ca cineva să o facă pentru tine. Uneori le spun clienţilor mei că pot doar să intre în baie, să lucreze prin tehnica respectivă şi bum, să iasă din baie, să se întoarcă la muncă şi să-şi păstreze slujba. Şi, uneori surprinzător, ar face-o.

Versiunea pe scurt a Tehnicii Roar® este:

1. Care este situaţia actuală?
2. Ce aduce în discuţie această situaţie?
3. La ce se referă această situaţie?
4. Oh, Doamne, asta am decis - acesta este sistemul de credinţe.

5. Nu vreau să fac asta chiar acum. Cum îl pot schimba?

6. Pentru ce ești recunoscător în legătură cu asta?

7. Treceți la acțiune - faceți 1º Shift™.

Cu cât lucrați mai mult, cu atât lucrarea devine mai internalizată, astfel încât, în cele din urmă, atunci când apare o durere, s-ar putea să fie nevoie doar să puneți o singură întrebare de genul: "Corp, ce încerci să-mi spui?" Apoi vă lăsați emoțiile să iasă din cușcă. Nu uitați, emoția este energie în mișcare, așa că nu este nevoie să frânați brusc, să vă mențineți corpul rigid și încordat sau să intrați în cele patru D-uri (negare, apărare, deconectare, disociere) și să încercați să ignorați totul. Scopul aici este să învățați cum să rămâneți în prezent.

"Este ușor să rămâi prezent ca observator al minții tale atunci când ești profund înrădăcinat în corpul tău. Indiferent ce se întâmplă în exterior, nimic nu te mai poate zgudui."

— ECKHART TOLLE

---

2. CEI PATRU E ȘI CEI PATRU C

Ca un pui de pasăre care a stat în cuib și este gata să plece, uneori trebuie să ne găsim aripile pentru a ne facilita zborul spre libertate. Acesta este rolul celor patru E-uri (a îmbrățișa, a examina, a întrupa și a extinde) și al celor patru C-uri (a alege, a te angaja, a colabora cu universul și a crea). Ca într-un dans frumos, mai întâi unul conduce, apoi celălalt pentru a vă ajuta să vă desprindeți din ciclul celor patru D (a se vedea capitolul doi).

Mai întâi, permiteți-mi să vă explic ce reprezintă fiecare dintre cele patru E-uri, urmat de cele patru C-uri, apoi vă voi da un exemplu despre cum funcționează și pot curge toate împreună pentru a vă scoate din cușcă și a intra în libertatea de a crea.

CELE PATRU E-URI

A ÎMBRĂȚIȘA ÎNSEAMNĂ A RECUNOAȘTE PREZENȚA UNUI LUCRU ȘI A FI CU EL.

Indiferent ce se întâmplă, sunteți dispuși să o înfruntați și să o simțiți. Îl îmbrățișați și îl lăsați să fie în conștiința voastră, fără a-l judeca. Este o formă de acceptare a ceea ce se întâmplă și a ceea ce simțiți în corpul vostru chiar acum. Este onestitate riguroasă, deschidere și dorința de a vă cunoaște adevărul și de a trăi prin și pentru acesta cu ușurință. Personal, aceasta a fost cea mai profundă, mai bogată și mai grea muncă pentru mine. Deci, merită cu prisosință acum.

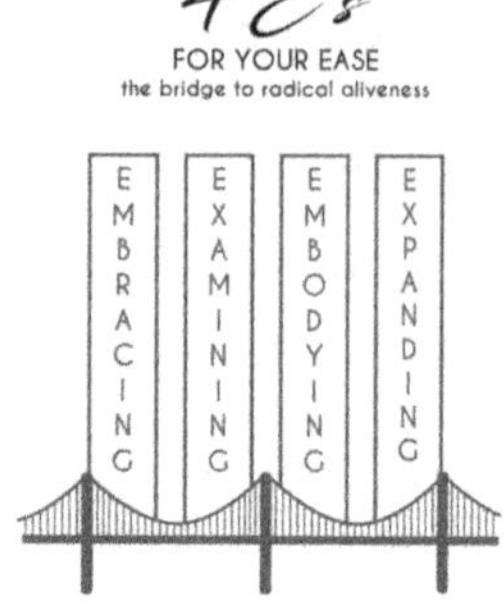

Numiți un lucru pe care ați refuzat să îl EMBRACAȚI chiar acum.

Examinarea înseamnă să puneți întrebări și să primiți mai multă conștientizare despre ceea ce se întâmplă și despre ce va fi nevoie pentru a schimba acest lucru.

Aceasta este explorarea a ceea ce simte corpul tău în acest moment - o scufundare profundă în anchetă, fără a lăsa nicio piatră neîntoarsă. Sunteți dispuși să ascultați și să primiți răspunsul.

Numiți conștientizarea din ceea ce acum EXAMINAȚI.

A ÎNCORPORA ÎNSEAMNĂ A INCLUDE SAU A DA FORMĂ SAU EXPRESIE VIZIBILĂ A CEVA.

Este vorba despre includerea adevărului din tine și despre intrarea în comuniune cu corpul tău. Este vorba despre faptul că posibilitatea de a fi tu este o alegere și nu doar o speranță sau un vis. Este o deschidere către o nouă realitate, iar voi începeți să intrați în ea. Vă simțiți mai bine, mai ușor și mai puțin dens.

Spuneți ce simțiți că ÎNCORPORAȚI acum.

EXTINDEREA ÎNSEAMNĂ SĂ ALEGI - SĂ ALEGI SĂ OCUPI SPAȚIUL DIN TINE PENTRU A TRĂI ȘI A FI PE DEPLIN.

Nu mai sunteți în cușcă. Pe măsură ce vă extindeți energia ca spațiu, oferiți corpului vostru ceea ce are nevoie pentru a se simți confortabil. În loc să vă contractați înapoi în cușcă, vă extindeți și vă revendicați spațiul ca o ființă care alege să trăiască liberă. Deveniți conștienți că existați și că aveți posibilitatea de a alege o libertate radicală. Această schimbare de un grad, repetată la nesfârșit, creează viața despre care ați știut întotdeauna că este posibilă în realitate, nu în dorințe sau fantezii.

Afirmați cum simțiți că vă EXPANSAȚI chiar acum.

CELE PATRU C-URI

Alegerea se face ori de câte ori alegeți din ușurința a ceea ce este adevărat pentru voi, vă dați permisiunea să recunoașteți ceea ce alegeți, în loc ca alți oameni sau alți factori din univers să vă forțeze corpul și

viața să aleagă. Alegerea vă cere să recunoașteți ceea ce doriți, să numiți și să afirmați ceea ce este de fapt alegerea voastră. Alegerea poate necesita curaj, deoarece vă recunoașteți propriile dorințe, chiar dacă acestea intră în conflict cu cele ale celor din jur. A alege înseamnă a te iubi.

A te angaja înseamnă a pune un țăruș în pământ prin acțiunile tale. Spuneți: "Asta este ceea ce cer de la mine. Asta este ceea ce nu voi mai tolera". Modul în care te angajezi este să devii conștient de asta și de ceea ce faci aici. Și apoi, indiferent de ceea ce se întâmplă, îmbrățișând asta. Angajamentul este acțiunea care urmează alegerii tale. Îți însuflețește ființa, corpul și actualizează existența.

Colaborarea este universul care spune: "Woohoo! Acum avem ceva de făcut. O să ți-o dăm". Colaborarea înseamnă, de asemenea, să fii cu tine însuți. Schimbi conversația negativă și te încurajezi continuu să acționezi și să te îndrepți spre ceea ce ai ales. De asemenea, căutați persoane sau situații care să vă susțină alegerea și angajamentul într-o manieră favorabilă, înconjurându-vă cu energie și persoane care cred că meritați să alegeți. Colaborarea poate însemna, de asemenea, evitarea conștientă a colaborării cu persoane care nu susțin alegerile tale și care încearcă să stea în calea angajamentului și acțiunilor tale. Vă distanțați de aceste persoane sau învățați cum să recunoașteți că vorbele lor sunt adesea false.

A crea înseamnă a trăi radical. Crearea este acea stare expansivă și revigorantă în care sunteți în fluxul de a vă duce alegerile mai departe. V-ați angajat și ați stabilit o rețea de colaborare de susținere. Acum vă bucurați de realizarea pașilor care transformă alegerile voastre în realitate în viața voastră. Pentru că ați lucrat la primii trei C, aveți spațiu în ființa voastră pentru a vă ocupa de sarcini, iar energia voastră este concentrată mai degrabă pe a face decât pe a evita. Aceasta este 1º Shift™ în acțiune și surprinzător de plină de bucurie și împuternicire.

. . .

Cadrul celor patru E-uri și al celor patru C-uri este conceput pentru a vă aduce în punctul de a alege dincolo de locul în care ați trăit și ați creat, de a alege pentru dvs. o disponibilitate radicală și de a o cunoaște ca pe o posibilitate absolută. Nu mai este doar o speranță. O puteți simți în corpul vostru. Și de ce? Pentru că ați ales să vorbiți, să fiți sinceri și să vă angajați să ascultați, să nu vă închideți furia și emoțiile. Ai lăsat universul să colaboreze să conspire pentru a te binecuvânta. Ați trecut la crearea conștientă. Acesta este un nou ciclu pozitiv, constructiv și ascendent în care doriți să vă aflați, mai degrabă decât ciclul distructiv al celor patru D-uri. Ieșiți din cușcă alegând o vivacitate mai radicală - și aici vreți să rămâneți. Vivacitatea este energia imprimată de suflet a ființei tale.

PRACTICI ZILNICE

Corpul tău știe când este îngrijit, iar asta se întâmplă dacă îți faci timp pentru tine, oferindu-ți mai întâi atenție. Cei mai mulți dintre noi se trezesc, își iau o ceașcă de cafea, fac duș și se grăbesc să iasă pe ușă pentru a se ocupa de lume. Ne simțim stresați din momentul în care ne începe ziua. Corpul dvs. va aprecia cu adevărat faptul că vi se acordă atenție ca și cum ați fi prieteni. Daily 1° Shifts™ sunt o modalitate de a face acest lucru.

1. STAȚIA DE CREAȚIE

Meditația este bună pentru noi - știința a demonstrat-o. Cu toate acestea, a sta cu ochii închiși și a respira pentru o anumită perioadă de timp nu funcționează pentru toată lumea. Din fericire, există multe modalități de a medita. Trebuie doar să găsiți una care să se potrivească cu sinele dumneavoastră unic. Eu am o rutină matinală pe care o numesc "stația mea de creație". Face același lucru ca și alte forme de meditație: deschide un spațiu în mine în care îmi pot auzi corpul vorbindu-mi, astfel încât să pot alege în mod conștient ce funcționează pentru mine și corpul meu în fiecare zi.

Majoritatea dintre noi nu am fost niciodată învățați să alegem. Am crescut făcând sau reacționând la ceea ce mama, tatăl sau profesorii noștri doreau pentru noi sau doreau să facem, indiferent dacă ne plăcea sau doream. Unii oameni, ca mine, au avut o viață planificată pentru ei de părinți autoritari - la ce școli să meargă, ce diplome urmau să obțină. Nu ne gândim că fiecare zi ne aparține sau că suntem o posibilitate și că putem alege asta în fiecare zi.

Încep prin a aprinde lumânări înainte de a mă așeza la stația mea de creație. Întotdeauna mă concentrez pe trei lucruri - ceva pentru corpul meu, afacerea mea și ceva personal. De exemplu, când mă pregăteam pentru o operație recentă, am răsfoit una dintre cărțile mele cu "îngeri" în care se aflau rugăciuni și le-am scris pentru a facilita vindecarea fizică. Sau aș putea să mă angajez la ceva simplu:

Astăzi, indiferent de situație, voi fi recunoscătoare.

Astăzi, indiferent de situație, voi fi vulnerabilă.

Astăzi, indiferent de situație, am de gând să respir de fiecare dată când mă simt frustrat.

Am o altă practică atunci când simt că sunt pe punctul de a scăpa de sub control mâncând prea mult zahăr, pentru a mă readuce în conștiința de a-mi face corpul să se simtă mai bine. Îmi pun mâna pe timus și pe osul pubian, închid ochii și respir. Apoi întreb: "Lisa, ce îți lipsește?" Sau "Ce îți lipsește?" Răspunsul care vine de obicei este ceva legat de pierderea, lipsa sau dorul de mine. Dorință evitată. Onoare activată.

Alte activități ar putea include:

1. Citirea reflecțiilor zilnice
2. Alegerea unui înger sau a unei cărți de energie
3. Jurnalul
4. Punerea de întrebări:

Corp, ce ți-ar plăcea [să porți, să faci, să mănânci, să participi astăzi]?

Ce mi-ar face inima să cânte astăzi?

Dacă aleg acest lucru, ce va crea acest lucru?

Creează acest lucru viața pe care mi-o doresc?

De ce fac afaceri?

Ce mi-ar plăcea să aleg și cine mi-ar plăcea să fiu astăzi?

Orice aș alege să creez sau oricând cer ceva, întotdeauna închei cu fraza mea preferată: "Nu știu cum.... știu că va fi". O folosesc pentru orice. Dacă am nevoie de cineva care să ocupe un post în afacerea mea sau dacă aș dori să primesc trei clienți noi sau mai mulți bani, aș putea adăuga: "Acest lucru vine la mine cu o ușurință totală. Univers, arată-mi. Sunt recunoscătoare și împlinită. Și așa este." Și întotdeauna apare.

Puteți să vă creați propriile practici 1° Shift™ pentru bunăstare sau pentru o viață radicală. Ar putea fi la fel de simplu ca a sta pe balcon și a te bucura de soare. Principalul lucru este să aveți o practică care funcționează pentru dvs. și să o lăsați să se schimbe pe măsură ce vă schimbați - o practică zilnică - de a vă verifica corpul și de a actualiza orice doriți să vă concentrați în ziua respectivă sau să creați în viitor. Avem un mod ciudat de a uita, așa că repetiția și acțiunea vă vor ține minte cei patru C - Alegerea, Angajarea, Colaborarea, Crearea. În fiecare dimineață mă aleg pe mine mai întâi. Mă angajez să fac asta în fiecare dimineață, iar universul colaborează cu mine și o creează pentru mine și cu mine, iar eu o fac pentru mine. Apoi sunt gata să-mi fac treaba în restul zilei. Nu sunt niciodată o victimă, sunt întotdeauna un creator și un creator conștient cu corpul meu uimitor de schimbare.

2. CUTIA UNIVERSULUI

Nu trebuie să "facem" totul singuri, iar această practică ne reamintește acest lucru. Cel puțin, s-ar putea să vă țină departe de modul de supra-gândire sau supra-planificare. Miracolele se întâmplă și, da, uneori este suficient să întrebăm. De ce să nu lași universul să colaboreze cu tine?

Pentru acest 1º Shift™, scrieți ce vreți să creați sau ce vă doriți și apoi puneți hârtia în Cutia Universului. Mă gândesc la ea ca la un cazan care fierbe. Știți că fierbe și că are nevoie doar de o agitare ocazională. Îi dau energie dorinței mele știind că se află acolo, dar nu o citesc sau nu îi acord atenție în fiecare zi. Nu știu când va apărea, dar știu că va apărea.

3. ELIBERAREA ENERGIILOR ALTOR PERSOANE

Stați cu dvs. timp de cinci până la cincisprezece minute și gândiți-vă la următoarele întrebări:

Ce convingeri sunt gata să părăsesc?

Ce judecăți despre corpul meu și-au urmat cursul?

Ce personalitate am devenit care nu este adevărul meu?

Apoi, cere-ți scuze corpului tău pentru că ai preluat energia altor persoane și nu l-ai ascultat. De asemenea, puteți scrie o scrisoare corpului dvs. și apoi să o ardeți sau să o citiți unui prieten care nu vă va judeca pentru asta. Sau faceți o plimbare în pădure și strigați din toți plămânii că nu îi veți mai lăsa pe ceilalți să preia controlul asupra corpului vostru. Eliberați-l în orice mod vă simțiți bine. Doar începeți de unde sunteți și începeți astăzi. Închide ușa din spate, pune un țăruș în pământ și spune: "Nu. Am de gând să spun nu".

4. GĂSIȚI RECUNOȘTINȚA

Îmi plac turele de recunoștință. Una dintre preferatele mele este să îi spui cuiva - unui partener, unui prieten, chiar și unei cunoștințe - trei lucruri pentru care ești recunoscător. Este un mod minunat de a vă încheia ziua și, în special cu un soț sau un partener, vă poate conecta unul cu celălalt și cu lumea mai largă.

Un alt ritual este să recunoașteți și să aveți recunoștința pentru alegerile pe care le-ați făcut atunci când înainte erați înghețați sau țineați ceva în corp, iar acum sunteți liberi. Încep acest ritual respirând în corpul meu și spunându-i mulțumesc, permițându-i să mă facă conștient de ceva pentru care sunt recunoscător. Pentru că există întotdeauna un dar sub modelul de reținere, tragedie, traumă, sabotaj, limitare sau durere, puteți, de asemenea, să vă întrebați direct corpul:

Care este partea cea mai bună din asta?

Care este darul din asta?

Ce îl face atât de valoros?

Ce îmi dă?

Ce mă învață?

Ce învăț eu?

Apoi recunoașteți că s-a terminat și că ați ales altfel. Mulțumiți corpului vostru pentru conștientizare și mulțumiți oamenilor și jucătorilor pentru rolul lor în această lecție. Nu mai trebuie să fiți în lecție. Onorați-vă experiența. Fiți recunoscători și faceți o schimbare de un grad și mergeți mai departe.

5. DACĂ TRUPUL TĂU AR PUTEA VORBI
JURNALIZARE

În majoritatea jurnalelor, totul este despre tine. Dar în acest ritual, este vorba despre corpul tău, așa că lasă-ți corpul să vorbească. Ce ar spune corpul tău? Asta este ceea ce doriți să aflați. Scriind din punctul de vedere al corpului tău, în loc să scrii: "Îmi urăsc corpul", vei scrie: "Corpul meu urăște [completează spațiul gol]". Pentru început, mi se pare util să încep prin a scrie: "Dacă corpul meu ar putea vorbi, ar spune..." și apoi pur și simplu dați-i drumul.

Dacă corpul meu ar putea vorbi, ar spune...

Sunt supărat pe tine pentru că mă îndopi cu mâncare.

Sunt supărat pe tine pentru că nu mi-ai dat suficientă apă.

Sunt supărat pe tine pentru că faci sex cu acea persoană care te tratează îngrozitor.

Sunt supărat pe tine pentru că ai rămas în acea relație când ți-am spus că nu mă simt bine în preajma acestei persoane.

6. MIȘCAREA ENERGIEI

Constat că atunci când sunt într-o dispoziție proastă și îndoielile se învârt în mintea mea, corpul meu se simte mai greu, dens și balonat. Dacă am o idee și nu o pun în aplicare, corpul meu se umflă. Pe de altă parte, dacă fac ceva cu ea, corpul meu pare mai subțire și mai puțin balonat. Grăsimea este energia folosită împotriva noastră. Ea stochează limitările noastre și creează densitatea și greutatea în corp, care ne întoarce mintea împotriva corpului nostru. Așadar, deși aproape orice ritual de investigare a ceea ce se întâmplă vă va schimba energia, uneori corpul are nevoie și dorește exercițiu pur - mișcare fizică. Poate fi orice, de la o meditație pe jos până la yoga sau construirea forței. Accentul este pus aici pe recunoașterea faptului că, indiferent de modul în care vă mișcați energia, intern sau extern, venirea în prezent are puterea de a produce schimbări profunde. Este un beneficiu secundar faptul că și greutatea corpului tău se schimbă adesea.

Pe măsură ce vă deplasați în conștiința corpului dumneavoastră, așteptați-vă ca lucrurile să se schimbe. Așteptați-vă ca ceea ce vă doriți să se schimbe. Așteptați-vă ca ceea ce mâncați să se schimbe. Așteptați-vă ca ceea ce vă implică să se schimbe. Așteptați-vă ca totul să se schimbe. Pentru că asta e toată ideea. Tu te schimbi. Așa că decideți să renunțați și să vă schimbați și permiteți corpului vostru de schimbare să fie.

Exerciții

Unul dintre obiectivele acestui capitol este de a oferi practici pe care le puteți integra în propria viață și în propriul corp. Iată o recapitulare a sugestiilor pe care să le realizați ca "exerciții":

1. Implementați propria practică a unei Stații de Creație™. Acesta ar putea fi un timp zilnic pentru citirea unor cărți sau pasaje de carte inspiraționale și apoi pentru a scrie un jurnal despre acestea, pentru a vă limpezi mintea și a vă reorienta gândirea.

2. Alcătuiește-ți propria Cutie a Universului. O puteți numi oricum vă convine. De asemenea, puteți alege să o decorați într-un mod care să vă atragă. Creați cărți mici și aruncați-le pe măsură ce vă imaginați lucruri pe care doriți să le manifestați în viața voastră. Aceasta ar putea fi o nouă carieră, începerea unei relații, renunțarea la furia față de o persoană din viața ta și lista este nesfârșită. Cutia Universului este canalul tău privat pentru a-ți împărtăși cererile către univers.

3. Identificați sentimentele din corpul dumneavoastră care indică faptul că preluați problemele altor persoane sau energia negativă. Învață să recunoști acele sentimente și creează un proces pentru a te îndepărta de ele. Dacă corpul tău se tensionează și apar dureri aleatorii, practica ta ar putea implica mersul într-un loc liniștit, închiderea ochilor și repetarea unei afirmații sau mantre pentru a-ți aminti că nu trebuie să preiei problemele lor. Respirația profundă și întinderile ar putea, de

asemenea, să facă parte din ritualul tău, iar în expirația puternică să îți imaginezi energia negativă ieșind din corpul tău.

4. Îmbrățișați recunoștința zilnică. Un calendar cu o săptămână pe două pagini poate fi o modalitate excelentă de a scrie cel puțin trei lucruri pentru care sunteți recunoscător în fiecare zi. Utilizarea unui calendar vă va ajuta să țineți evidența finalizării acestui proces în fiecare zi, în plus, veți găsi util să vă întoarceți și să vă recitiți recunoștința din trecut.

5. Jurnalul folosind afirmația "Dacă corpul meu ar putea vorbi, ar spune..." Acest tip de jurnal vă va ajuta să vă reconectați cu ceea ce simte corpul dvs. în loc să ignorați mesajele pe care încearcă să vi le trimită.

6. Creați o practică de mișcare fizică pentru a elibera energia. Aceasta ar putea fi o plimbare afară, dansând în camera de zi sau lovind o pernă. Dă-ți permisiunea în fiecare zi să te eliberezi de negativitatea care se acumulează în corpul tău.

7. Spuneți aceste trei afirmații cu voce tare de mai multe ori pe zi:

8. "Bună treabă, tu! Bună treabă, corp!"

9. "Amândoi sunteți minunați!"

10. "Acum, amândoi, mergeți și fiți grozavi!"

CAPITOLUL 6: CHEIA CĂTRE VNDECARE

Fiecare CORP are o foaie de parcurs diferită, iar devenind familiari cu ceea ce ne cere propriul corp, ne eliberăm medicul interior. Prin acest nivel de hrănire de-a lungul vieții noastre de zi cu zi, regenerarea celulelor proliferează.

— GAY HENDRICKS

Ernest Holmes, un lider al Noii Gândiri și fondator al Științei Religioase, a scris în lucrarea sa clasică, The Science of Mind (Știința minții), că "definiția de bază a cuvântului vindecat este 'îngrijit'". El afirmă: "Atât timp cât orice celulă este în viață, ceea ce înseamnă atât timp cât o persoană este în viață, celulele corpului răspund la îngrijire". O noțiune atât de simplă, dar, cumva, am devenit o societate care se ferește de cuvântul "vindecare". Totuși, dacă am înțelege mai bine ce înseamnă "îngrijire" și dacă l-am aplica la noi înșine, am fi mult mai aproape de adevărul vindecării.

Am o plantă lângă biroul meu. Este singura plantă pe care am reușit vreodată să o mențin în viață. În primul an în care am participat la AA, mi s-a spus să-mi iau plante și să văd dacă le pot ține în viață, apoi să-mi iau un cățeluș, apoi să am o relație. Vedeți tendința? De ce? Pentru că înveți cum să fii cu tine însuți. Înveți cum să fii cu tine însuți pentru prima dată, fără soluție, drog, alcool, orice altceva. Începi prin a intra în relație cu planta. Trebuie să îi acorzi atenție. Trebuie să o uzi. Trebuie să o tăiați. Trebuie să tăiați frunzele moarte. Când folosești alcool, droguri sau orice altceva pentru a te amorți, nu ești atent la nimic. Sunteți în altă lume. Și sunteți foarte egocentrici și narcisiști, cu crize după crize, stingând mereu incendii.

În timp ce aveam grijă de planta mea, am aflat că există cercetări științifice conform cărora dacă vorbești cu plantele, acestea trăiesc mai mult. Am decis, de ce să nu vorbesc cu corpul meu? Așa că am început să am conversații cu el. Dacă eram acasă, închideam muzica și eram doar cu mine, sau în drum spre serviciu, în mașină, mă prefăceam că trupul meu este pe scaunul de lângă mine și întrebam: "Ce mai faci?" Efectul a fost profund. Această întrebare simplă, dar directă, a început să spargă soliditatea lumii mele care mă făcea să fiu separată de corpul meu și să nu fiu în relații prietenești.

ÎMPRIETENIREA CU TINE ÎNSUȚI

Corpul schimbării este de fapt energia prin care te iubești pe tine însuți, prin care ești un bun prieten pentru tine însuți, prin care te îndepărtezi de orice altă realitate energetică psihică care spune: "Dacă ai această [certificare, pregătire, bani, realizare, recunoaștere sau aparții acestui grup, completați în gol] înseamnă că ești bun și că ești valoros." Nu contează ce schimbări faci atunci când încă mai ai un program care rulează în fundal și nu te prețuiești sau nu crezi că meriți și că ești demn de ceva. Până când acele programe nu se schimbă, tu ești energia acelei nevrednicii, fie că știi sau nu. Este ca și cum ai avea o structură fizică în corpul tău numită "Nu merit". Și asta este exact ceea ce se va reflecta asupra voastră în toate relațiile voastre. Și nimic nu va schimba această realitate de bază - nimic din ceea ce spune sau face cineva, nici o cantitate de educație, formare sau certificare a licențelor, nici o cantitate de bani, nimic nu se va schimba dacă nu vă schimbați această convingere fundamentală despre voi înșivă.

La un moment dat, ajungi în punctul în care trebuie să ai o anumită cantitate de respect și considerație pentru tine. Felul în care te consideri pe tine însuți determină modul în care te confrunți cu lumea și felul în care aceasta reacționează față de tine. În multe texte spirituale, ți se recomandă să îi placi pe ceilalți așa cum te placi pe tine însuți. Așadar, cât de mult vă place ceea ce sunteți? Îmi amintesc când vărul meu Johnnie, care a ales sobrietatea cu trei ani mai devreme decât mine, mi-a spus (trebuie să vă imaginați asta cu o voce groasă de Tony Soprano din New Jersey): "Lisa, orice ai face, fii doar o prietenă bună pentru tine. Și asta e tot". Nici măcar nu știam ce înseamnă asta. Nu aveam idee cum, așa că am început prin a-mi pune pur și simplu acest tip de întrebări despre tot ceea ce făceam:

1. Sunt eu un prieten bun pentru mine?
2. Dacă mănânc asta, sunt un bun prieten pentru mine?
3. Dacă nu merg la sală, asta înseamnă să fiu un bun prieten pentru mine?
4. Dacă ies cu această persoană, sunt eu un bun prieten pentru mine?
5. Dacă mă întâlnesc cu această persoană, sunt un bun prieten pentru mine?
6. Dacă îmi iau un cățeluș, sunt un bun prieten pentru mine?

7. Dacă îmi iau o plantă, înseamnă că sunt un bun prieten pentru mine?

8. Chiar vreau să continui să fac asta? Asta înseamnă să fiu bun prieten cu mine însumi?

Este atât de ușor pentru noi să ne gândim, oh, îmi place asta. Oh, și îmi place asta. Dar să te întrebi dacă te placi? Asta e mai greu. Nu aveam un punct de referință pentru asta. Eram dependentă de părerea celorlalți despre mine pentru a-mi determina valoarea. Să te chestionezi în acest fel clipă de clipă te ajută să o așezi în fața ta, astfel încât să o poți vedea mai clar. O puteți privi dintr-o perspectivă pe care o apreciați. Dacă prețuiești să te placi, chiar dacă nu te-ai plăcut niciodată, poți face o nouă alegere și știi că va schimba lucrurile.

La început, este o idee bună să pui întrebări în mod constant, cu privire la tot ceea ce faci sau iei în considerare, chiar și la cel mai banal nivel. De exemplu, eu nu gătesc. Nu e genul meu să mă duc în bucătărie și să-mi pregătesc ceva pentru mine. Îmi place ca oamenii cărora le place să gătească să-mi pregătească în avans mâncărurile care îi plac corpului meu, astfel încât acestea să fie în frigider și să mă aștepte. Tot ce vreau să fac este să o încălzesc. În trecut, nu eram atentă și mâncam orice era disponibil. Nu aveam suficientă grijă de mine pentru a-mi oferi ceea ce corpul meu avea nevoie pentru a mă sprijini și a mă susține. Mâncatul era lăsat la voia întâmplării și, în curând, mă trezeam că mănânc junk food și nu țineam cont de nimic.

Odată ce începi să ai succese, vei deveni mai clară cu privire la ceea ce îți dorești. Vei începe să știi ce este și ce nu este a fi un bun prieten pentru tine. Cu ceva timp în urmă, am avut un asistent personal/bucătar personal care era foarte amuzant, dar era și băutor și uita lucruri. Când uita lucruri, devenea irațională. În mintea mea mă gândeam, "Cunosc acest comportament. Știu de la ce provine. Chiar o iubesc pe această persoană. Ne distrăm atât de mult împreună și îmi place mâncarea ei. Așa că am mai ținut-o o vreme, până când a devenit insuportabil pentru mine. Mi-am dat seama că nu eram un prieten bun pentru mine.

Am făcut schimbarea și am lăsat-o să plece. Chiar și după aceea, am fost tentat să o aduc înapoi "doar pentru o lună sau două, până găsesc pe cineva". Dar când mă întrebam: "Ești un bun prieten pentru tine?" simțeam energia din corpul meu, care era de genul: "La naiba, nu te întoarce". Întrebarea s-a mutat la conștiința din corpul meu, iar corpul meu m-a informat ce să fac. Bineînțeles, mintea mea a replicat: "O, Doamne, mi-e dor de ea", la care eu aș spune: "Arată bine, dar nu, știi cum se va termina, știi cum va fi". Nu faceți asta. Mergi mai departe și fă acel 1º Shift™! Nu știu cum... știu că va fi. Univers, arată-mi...

. . .

Pe măsură ce am început să mă iubesc
    pe mine însumi
Pe măsură ce am început să mă iubesc,
    am descoperit că angoasa și suferința
    emoțională
sunt doar semne de avertizare că trăiam
    împotriva propriului meu adevăr.
Astăzi, știu, aceasta este AUTENTI-
    CITATEA.
Pe măsură ce am început să mă iubesc,
    am înțeles cât de mult poate ofensa
    pe cineva.
Pe măsură ce încerc să îmi impun
    dorințele asupra acestei persoane,
    chiar dacă știam că momentul
nu era potrivit și că persoana nu era
    pregătită pentru asta,
și chiar dacă această persoană eram eu.
Astăzi, eu numesc asta RESPECT.
Pe măsură ce am început să mă iubesc,
    am încetat să mai tânjesc după o
    viață diferită,
și am putut vedea că tot ceea ce mă
    înconjura
mă invita să cresc.
Astăzi, o numesc MATURITATE.

Pe măsură ce am început să mă iubesc,
    am înțeles că în orice circumstanță,
sunt în locul potrivit la momentul
    potrivit,
și totul se întâmplă exact la momentul
    potrivit.
Așadar, am putut fi calmă.
Astăzi, o numesc AUTOCONFIDENȚĂ.

Pe măsură ce am început să mă iubesc,
    am încetat să-mi mai fur propriul
    timp,
și am încetat să mai creez proiecte
    uriașe pentru viitor.
Astăzi, fac doar ceea ce îmi aduce
    bucurie și fericire,
lucruri pe care îmi place să le fac și care
    îmi bucură inima,
și le fac în felul meu și în ritmul meu.
Astăzi, o numesc SIMPLICITATE.

Pe măsură ce am început să mă iubesc,
    m-am eliberat de tot ceea ce nu este
    bun pentru
sănătatea mea - mâncare, oameni,
    lucruri, situații,
și tot ceea ce mă trăgea în jos și mă înde-
    părta de mine.
La început am numit această atitudine
    un egoism sănătos.

Astăzi, știu că este IUBIRE DE SINE.
Pe măsură ce am început să mă iubesc,
    am încetat să mai încerc să am întot-
    deauna dreptate,
și de atunci, am greșit mai rar.
Astăzi, am descoperit că este
    MODESTIA.
Pe măsură ce am început să mă iubesc,
    am refuzat să continui să trăiesc în
    trecut
și să-mi fac griji pentru viitor.
Acum, trăiesc doar pentru moment, în
    care se întâmplă TOTUL.
Astăzi, trăiesc fiecare zi, zi de zi, iar eu
    numesc asta ÎNDEPLINIRE.
Pe măsură ce am început să mă iubesc,
    am recunoscut că mintea mea mă
    poate deranja,
și mă poate îmbolnăvi. Dar pe măsură
    ce am conectat-o la inima mea,
    mintea mea
mintea a devenit un aliat valoros.
Astăzi, eu numesc această conexiune
    ÎNȚELEPCIUNEA INIMII.
Nu mai trebuie să ne temem de certuri,
    confruntări sau
orice fel de probleme cu noi înșine sau
    cu alții.

**Chiar și stelele se ciocnesc, iar din cioc-
nirea lor se nasc lumi noi.
Astăzi, știu că ASTA ESTE VIAȚA!
(Acest poem a fost atribuit lui Charlie
Chaplin, dar nu este verificat).**

ASTĂZI, ȘTIU CĂ ASTA ESTE VIAȚA!: (ACEST POEM A FOST ATRIBUIT LUI CHARLIE CHAPLIN, DAR NU ESTE VERIFICAT).

Ceea ce este esențial de înțeles este că cea mai profundă reîntoarcere la sine vine prin vindecarea relației tale cu tine însuți și cu ceilalți. Pentru a face acest lucru, trebuie să vă dezvoltați puterea de distincție pentru a determina ulterior "ce este al meu" și "ce este al lor" - ce este intern pentru dvs. și ce este extern. Mi-a luat mult timp să-mi desfac relația cu mama mea și să recuperez acea parte din mine. Când eram copil, singura atingere pe care o primeam de la ea erau bătăile și agresiunile verbale. Și ura ei, dragostea artificială.

Dar copiii merg după ceea ce au nevoie. Iar supraviețu-irea mea s-a bazat pe iubirea mamei mele prin faptul că am fost "săraca Lisa", am făcut totul greșit și am fost dată afară din clasă. Îi dădeam ceea ce voia pentru a obține puțină atenție, iar atenția pe care o primeam era o palmă, o lovitură, o bătaie. Asta e tot ce putea să-mi dea. Am fost un copil destul de inteligent în acele circumstanțe. Așa trebuia să fac pe atunci.

Autocompătimirea este o formă de iubire de sine. Indiferent de schimbările pe care le faci sau de câte sfaturi, trucuri sau abilități - chiar și în cazul meu, abilități psihologice - ai, asta nu înseamnă că te placi. Și totuși, la sfârșitul zilei, acesta este lucrul determinant. Dacă aveți programul, banda care rulează în fundal, de a nu vă iubi sau de a nu vă prețui, viața vi se va părea o luptă. Deveniți energia acelui lucru fără ca măcar să știți. Iar aceasta devine structura fizică numită corpul tău.

La început, să vă puneți întrebarea: "Dacă fac asta, sunt eu un prieten bun pentru mine?" necesită efort să vă amintiți, pentru că nu aveți trasee neuronale stabilite în creier. Sau s-ar putea să te simți inconfortabil sau ciudat. Dar, în cele din urmă, obișnuința preia controlul, iar tu vei începe să ai succese. Veți începe să știți ce vă doriți și ce înseamnă să fii un prieten bun. Întrebarea se integrează și se mută la conștientizarea din corpul tău. Nici măcar nu va trebui să întrebați sau să vă gândiți la ea. Această idee nouă va deveni pur și simplu viața voastră.

De exemplu, pe măsură ce făceam acest lucru, cantități uriașe de greutate au dispărut de pe mine fără să țin dietă sau să încerc. Am încetat să mai poftesc sau să mai doresc alimente care nu erau bune pentru mine. Am vrut să fac exerciții fizice. Corpul tău va naviga și îți va spune că a devenit ceva diferit acum. Tu doar devii asta. Este greu la început, pentru că dezveți ceea ce nu ai învățat niciodată și de care nu erai conștient. Dar odată ce deveniți conștienți de ceea ce este bine pentru voi, fiind acel prieten care vă face fericiți și alegând pentru voi, veți începe să construiți acea forță în interiorul vostru de a avea încredere în voi.

Atunci când trăiești în conștiința faptului că iubirea de sine se află în inima adevăratei tale naturi, nu vei fi niciodată singur... și nu vei mai fi niciodată singur.

Exercițiu

1. Începeți fiecare dimineață întrebându-vă: "Ce voi face astăzi care să fie un bun prieten pentru mine?"

2. Pe măsură ce te confrunți cu alegeri sau simți o nesiguranță atunci când iei o decizie, întreabă-te: "Dacă fac asta, este faptul că sunt un bun prieten pentru mine însumi?"

3. Când vorbești cu tine însuți, întreabă-te: "Așa i-aș vorbi unui prieten aflat în nevoie? "

CAPITOLUL 7: RECONECTARE ȘI INTEGRITATE

Imaginați-vă că vă treziți cu un avânt în suflet, fericiți că sunteți în viață și pregătiți să vedeți ce altceva este posibil pentru ziua respectivă. De la început până la sfârșit, ziua ta este plină de alegeri bazate pe dorințele tale. Iar pornind de la aceste dorințe, totul este posibil, pentru că tu întruchipezi posibilitatea. Sunteți un magnet generativ și creativ. Oamenilor le place să fie în preajma ta. Schimbi energia a tot ceea ce te înconjoară doar fiind tu însuți. Relațiile tale sunt bazate pe comuniune, pe armonie. Sunt distractive, ușoare, pline de bucurie și reciproce. Corpul tău este sănătos și vibrant de viu. Sunteți plini de energie. Aveți o strălucire specială. Afacerea ta este în plină dezvoltare, iar colaboratorii tăi râd și se alătură ție în tot ceea ce creezi. Viața este o aventură veselă. Râsul și lejeritatea îți infuzează corpul. Ești uimit să simți o asemenea alianță cu tine însuți. Oamenii te întreabă ce ai făcut pentru a te schimba, iar tu răspunzi: "M-am ales pe mine. M-am angajat față de mine. Am colaborat cu universul și i-am permis să răspundă, iar eu am creat ceea ce știam că este posibil".

Aceasta descrie viața care vă așteaptă să o alegeți. Și toate adversitățile și durerile voastre, tragediile și traumele voastre, toată suferința voastră, sunt de fapt posibilitățile voastre de a vă conecta cu conștiința a ceea ce sunteți. Atunci când puteți să vă explorați realitatea și să renunțați la convingerile subiacente care susțin acea realitate, se deschide o lume cu totul nouă, cu noi modalități de a avansa spre tot ceea ce vă doriți. Dintr-o dată, ceea ce nu a avut niciodată o soluție are soluții infinite. Ceea ce v-a chinuit întotdeauna a dispărut. Asta nu înseamnă că s-ar putea să nu revină, dar nu va reveni în același mod. Iar tu și corpul tău sunteți cei care alegeți să vă schimbați și să vă angajați pe deplin în 1° Shifts™.

Orice apare în prezent și vă face să înnebuniți este ceva legat de o decizie din trecut pe care ați luat-o. Doar tu poți să te faci "nebun". Tu ești cheia pentru a o debloca, astfel încât să poți merge mai departe cu viața ta, trăind radical, cu acea primăvară în pas. Și totul începe cu intrarea în corpul tău și în conștiința ta. Atunci când vă eliberați din cușca eului inconștient, din convingerile inconștiente, bolile părăsesc corpul vostru. Toate celulele din corpul tău devin mai sănătoase. Schimbarea profundă vă poate schimba literalmente corpul din punct de vedere structural, chiar și oasele - pentru că fiecare gând de judecată pe care l-ați avut despre dumneavoastră și care s-a înfășurat în jurul structurii scheletice celulare cade. Ceea ce gândiți vă formează corpul.

Sunteți un corp al schimbării. Corpul tău este un dar care îți oferă posibilitatea de a trăi fără limite. În fiecare zi, tu și corpul tău vă puteți schimba și este nevoie de o singură alegere pentru a provoca această schimbare, un 1° Shift™ - pentru a fi în comuniune și conversație cu corpul tău. Este timpul să recunoașteți strălucirea voastră ca ființă, o amprentă sufletească cu o semnătură spirituală unică, iar voi puteți cere corpului vostru să creeze și să se potrivească strălucirii și frumuseții acesteia.

---

*Spiritul uman nu are limite. Singura limită a măreției
este să-ți spui ție însuți nu..*

— JAMES LAWRENCE, THE "IRON
COWBOY"

Libertatea este o funcție a convingerilor tale. În
momentul în care descoperi convingerile care te țin în
loc, te va elibera într-o clipă – deși pentru a ajunge la
adevăr este nevoie de alegere, angajament, colaborare și
creație. Și nu trebuie să știți cum la început. Nu știu
cum... știu că va fi. Ai încredere că drumul se va
dezvălui pe măsură ce înaintezi. Există eliberare în a
renunța – se numește distracție și aventura de a fi un
corp.

---

*De îndată ce ai încredere în tine, vei ști cum să
trăiești.*

— GOETHE

Uneori, cel mai greu lucru de schimbat este să-ți îmbră-
țișezi bucuria. Să accepți ca totul să fie bine. Să îmbrăți-
șezi succesele. Să îmbrățișezi lipsa problemelor. Să

îmbrățișezi frumusețea amprentei propriului tău suflet. Nu contează cât de mult muncești, trebuie să înveți să trăiești ca tine. Fără cârje, doar tu - crud și real. S-ar putea să te simți ciudat. S-ar putea să vă simțiți goi. Dar te vei simți și bine. Unii dintre prietenii tăi te vor plăcea, iar alții nu. Oamenii s-ar putea să plece, iar tu vei fi mai bun pentru asta. Pe măsură ce devii mai congruent cu amprenta sufletului tău, lumea ta va reflecta acest lucru în tine. La început, ne experimentăm pe noi înșine ca fiind separați și ne vedem corpul ca fiind separat, dar, în realitate, suntem conectați la toate lucrurile, iar corpul duce mai departe acest lucru. Pe măsură ce renunțăm la judecățile noastre, totul începe să se schimbe. Începem să vedem lucrurile clar și să acționăm clar, să atragem diferit, să credem diferit.

Nu trebuie să fabricăm prezența necondiționată, deoarece ea este deja acolo, ca soarele, în spatele norilor minții noastre ocupate și, deși înotăm în această mare de conștiință pură, trebuie să fim conștienți de mintea noastră ocupată, care speră în mod constant de la o insulă la alta, de la un gând la altul, sărind peste și prin această conștiință, care este terenul ei, fără să se odihnească vreodată acolo.

— DR. JOHN WELWOOD

Fiinţa care sunteţi nu poate fi niciodată distrusă. Amprenta sufletului nostru şi posibilitatea unei disponibilităţi radicale se află în fiecare dintre noi, în însăşi fiinţa noastră, dar este nevoie să ne aliniem energia şi conştiinţa. Recunoaştem posibilitatea, dar în acelaşi timp înţelegem că nu ne schimbăm uşor şi nici nu ar trebui. Această muncă are capacitatea de a vă împlini şi de a vă energiza pentru a fi mai creativi decât v-aţi imaginat vreodată. Atunci când găsiţi firul de la prezent la trecut şi îl schimbaţi, iar în acest proces vă eliberaţi de tirania convingerilor inconştiente de lungă durată, obţineţi întregul vostru prezent şi întrupat. Fiecare particulă de energie din corpul vostru este liberă. Acesta este modul în care trăim radical, de la problemă la posibilitate.

Acesta este corpul vostru al schimbării. Acumularea de sute, mii, milioane şi miliarde şi dincolo de 1º Shifts™ în fiecare zi. Aceasta vă creează viaţa, trăirea, corpul, intern şi extern, congruent şi radical viu. Corpul vostru conduce acum cunoaşterea voastră cu uşurinţă.

Acum, practicaţi acest lucru: (cu cât faceţi mai mult acest lucru, cu atât va fi mai mare prezenţa cu corpul vostru)

Închideţi ochii

Puneți-vă mâna pe timus și pe osul pubian

Respirați prin gură, simțiți-vă picioarele pe podea, spatele pe scaun și mâinile pe corp

Extindeți-vă și atingeți cele patru colțuri ale camerei în care vă aflați, simțindu-vă picioarele pe podea.

Amplasați-vă la cele patru colțuri ale orașului în care vă aflați.

Amplasați-vă la cele patru colțuri ale statului în care vă aflați.

Extindeți-vă la cele patru colțuri ale țării în care vă aflați.

Extindeți-vă către cele patru colțuri ale pământului, ca și cum ar exista patru colțuri ale pământului.

Extindeți-vă la cele patru colțuri ale universului, dacă ar exista...

Uitați-vă înapoi la corpul dumneavoastră

Rugați trei molecule să vină în față și schimbați polaritatea acestor molecule cu ceea ce ați schimbat citind această carte. Este energetic. Dați-i drumul.

Acum cereți altor trei molecule să vină în față și să elibereze "greutatea" a ceea ce ați fost inconștient. Este energetic. Lăsați-o să curgă.

Acum cereți altor trei molecule să schimbe polaritatea și să transforme acele molecule pentru a crea corpul de schimbare pe care îl sunteți acum. Este energetic. Lasă-te să fii.

Repetați cât de des dorește corpul vostru.

Afirmați cu voce tare:

"M-am schimbat!"

"Știu că m-am schimbat!"

"Știu că m-am schimbat pentru că corpul meu este un CORP al schimbării."

"Mulțumesc, Corp."

"Mulțumesc, Univers."

"Mulțumesc, Eu."

"Eu sunt, LIBERĂ."

Dacă nimeni nu i-a spus astăzi corpului tău că este iubit, adorat, îngrijit, prețuit, onorat și respectat, acum este așa! Ți s-a spus!

Dacă nimeni nu ți-a spus astăzi că te iubește, eu o fac!

Nu știu cum... știu că așa va fi.

Sunt recunoscătoare și împlinită, și așa este!

Du-te și fii extraordinar!

MULȚUMIRI

Mi amor, dragostea pe care o împărtășești și o dăruiești în fiecare zi face ca toate lucrurile să fie posibile. Dragostea mea pentru tine este para siempre! Corpurile noastre dansează simfonia de a fi iubite, adorate, hrănite, prețuite, onorate și respectate. Dragostea pe care mi-ai dăruit-o este dincolo de cuvinte, iar legătura noastră trece peste dimensiuni, vieți și realități. Sunt super onorată să fiu în această călătorie cu tine. Tu, copiii și familia sunteți încărcătura mea prețioasă și mă umpleți de atâta bucurie și fericire de a face parte din toate. Iubirea și bunătatea voastră autentică mi-au evocat adevărata mea inimă, minte, spirit, suflet și corp. Sunt recunoscătoare în fiecare zi că laserul lui Dumnezeu te-a îndreptat spre mine și că m-am aplecat și am spus DA. Cea mai bună alegere dintotdeauna.

PART II
CORPUL SCHIMBĂRII: CAIET DE LUCRU

INTRODUCERE

Bine ați venit la cartea de lucru The Body of Change! Acest ghid vă însoțește într-o călătorie transformatoare de autodescoperire. Fiecare exercițiu este conceput cu atenție pentru a vă aprofunda conexiunea cu sinele vostru interior, pentru a vă împuternici să depășiți barierele și pentru a vă îmbrățișa calea unică către integritate. Nu vă grăbiți cu fiecare secțiune, reflectați profund și amintiți-vă: acest caiet de exerciții este sanctuarul dvs. personal pentru creștere și explorare.

DESCOPERIREA AMPRENTEI SUFLETULUI TĂU

EXERCIȚIU: REFLECȚIE ASUPRA SUFLETULUI

Obiectiv: Identificați-vă și articulați-vă semnătura spirituală unică.

INSTRUCȚIUNI:

Pregătire:

Găsiți un spațiu senin în care să nu fiți deranjat. Stați confortabil, închideți ochii și împământați-vă concentrându-vă pe respirație. Inspirați profund, apoi expirați complet, eliberând tensiunea cu fiecare respirație.

Meditație:

Petreceți 10 minute în meditație, concentrându-vă doar pe respirație. Pe măsură ce apar gânduri, redirecționați-vă ușor atenția înapoi la respirație. Lasă-ți mintea să rătăcească la momente din viața ta în care te-ai simțit vibrant de viu și conectat la ceva mai mare decât tine.

Reflecție:

După meditație, deschideți ochii și reflectați asupra acelor momente. Notează cel puțin trei experiențe care rezonează cu tine - momente de bucurie profundă, pace sau conectare.

Conectarea la sine:

Pentru fiecare experiență, explorați modul în care este legată de sentimentul dumneavoastră de sine și de scopul vieții. Ce dezvăluie aceste momente despre adevărata voastră natură și despre semnătura spirituală unică pe care o purtați?

Spațiu de reflecție:

(Gândurile și reflecțiile dvs. merg aici)

IDENTIFICAREA BARIERELOR

EXERCIȚIU: JURNALIZAȚI-VĂ OBSTACOLELE

Obiectiv: Recunoașteți distragerile și barierele din calea creativității dumneavoastră.

INSTRUCȚIUNI:

Autoevaluare:

Luați-vă un moment pentru a contempla ceea ce v-ar putea reține. Ce gânduri recurente, convingeri sau factori externi vă împiedică progresul sau exprimarea creativă?

Enumerați-vă obstacolele:

Creați o listă cuprinzătoare a acestor obstacole, de la provocări interne precum autojudecarea sau teama de eșec la presiuni externe precum constrângerile de timp sau așteptările societății.

Reflecție asupra impactului:

Pentru fiecare barieră, scrieți o scurtă reflecție asupra modului în care aceasta vă afectează viața. Luați în considerare modul în care se manifestă în rutina zilnică, procesele decizionale și relațiile dvs.

Plan de acțiune:

Alegeți o barieră asupra căreia să vă concentrați în această săptămână. Scrieți pași specifici pentru a depăși sau a atenua influența acesteia - aceasta ar putea implica schimbarea unui obicei, căutarea de sprijin sau reformularea mentalității.

Urmărire:

La sfârșitul săptămânii, reveniți asupra obstacolului ales. Reflectați asupra progreselor pe care le-ați făcut și asupra oricăror informații pe care le-ați obținut.

Spațiu de reflecție:

(Gândurile și reflecțiile dvs. merg aici)

ANGAJAREA ÎN ÎNȚELEPCIUNEA CORPULUI TĂU

EXERCIȚIU: PRACTICA CONȘTIENTIZĂRII CORPULUI

Obiectiv: Fii atent la semnalele corpului tău.

INSTRUCȚIUNI:

Practică zilnică:

Dedicați 5 minute în fiecare zi pentru a practica conștientizarea corpului. Alegeți un moment liniștit, fie dimineața, fie înainte de culcare.

Scanarea corpului:

Stați confortabil, închideți ochii și scanați-vă încet corpul din cap până în picioare. Acordați atenție sporită senzațiilor, strângerilor sau zonelor de relaxare, fără a judeca.

Observație și înțelegere:

Observați orice zonă care prezintă tensiune sau disconfort. Ce ar putea dezvălui aceste senzații despre starea dvs. emoțională sau mentală? Jurnalizați-vă zilnic observațiile, notând tiparele sau schimbările în timp.

Conectați punctele:

La sfârșitul săptămânii, analizați-vă notițele. Reflectați asupra a ceea ce corpul dumneavoastră v-a comunicat. Cum se leagă aceste senzații de emoțiile, gândurile sau experiențele dumneavoastră?

Spațiu de reflecție:

(Gândurile și reflecțiile dvs. merg aici)

VINDECAREA DECONECTĂRII

EXERCIȚIU: TEHNICA ROAR®

Obiectiv: Utilizați tehnica Roar® pentru a elibera blocajele emoționale.

INSTRUCȚIUNI:

Găsește-ți spațiul:

Identificați un spațiu privat, sigur, în care vă simțiți dezinhibat - dormitorul dumneavoastră, un loc liniștit în aer liber sau oriunde nu veți fi deranjat.

Centrează-te:

Stați drept și respirați adânc, ancorându-vă în prezent. Simte-ți picioarele pe pământ și corpul aliniat.

Răcnește:

Când sunteți gata, respirați adânc și lăsați să iasă un „răget" puternic. Acest răget este expresia frustrării, durerii sau blocajelor emoționale. Eliberați-l complet și fără rezerve.

Afirmație:

După urlet, respirați adânc. Afirmați ceea ce doriți să îmbrățișați în schimb, cum ar fi „Îmi îmbrățișez puterea" sau „Îi urez bun venit păcii în viața mea".

Reflecție:

Scrieți în jurnal cum v-a făcut să vă simțiți acest exercițiu. Ce emoții au ieșit la suprafață în timpul rostirii? Cum ți-a schimbat energia afirmația? Reflectați asupra oricărei schimbări în mentalitatea sau starea dvs. emoțională.

Repetați după cum este necesar:

Puteți reveni la acest exercițiu ori de câte ori aveți nevoie să vă eliberați emoțiile reprimate.

Spațiu de reflecție:

(Gândurile și reflecțiile dvs. merg aici)

PRACTICI ZILNICE PENTRU RECONECTARE

EXERCIȚIU: PATRU E-URI ȘI PATRU C-URI

Obiectiv: Implementați practici zilnice pentru a vă reconecta cu voi înșivă.

INSTRUCȚIUNI:

Cei Patru E-uri:

În fiecare zi, alegeți unul dintre cei Patru E-uri asupra căruia să vă concentrați:

- Îmbrățișare: Acceptarea și iubirea de sine așa cum ești.
- Examinarea: Reflectând asupra gândurilor, sentimentelor și comportamentelor tale.

- Încorporare: Trăirea valorilor și adevărului tău în acțiunile tale zilnice.
- Extindere: Depășirea limitelor actuale și explorarea de noi posibilități.

Aplicare:

Pe parcursul zilei, aplicați conștient E-ul ales în gândurile, acțiunile și interacțiunile dumneavoastră. Observați cum vă influențează alegerile și relația cu voi înșivă.

Reflecție zilnică:

La sfârșitul fiecărei zile, notați-vă experiențele. Cum v-a influențat ziua concentrarea pe acest E? Ce descoperiri sau provocări au apărut?

Rezumatul de la sfârșitul săptămânii:

La sfârșitul săptămânii, revizuiți-vă reflecțiile. Rezumați-vă observațiile și notați orice schimbare de perspectivă sau de comportament. Cum v-a ajutat această practică să vă reconectați cu dumneavoastră?

Cei patru C (opțional):

Ca o extindere, explorați cei patru C: Claritate, Curaj, Angajament și Compasiune. Integrați-le în practica dvs. zilnică într-un mod care să vi se pară natural și care să vă susțină creșterea.

Spațiu de reflecție:

(Gândurile și reflecțiile dvs. merg aici)

ÎMPRIETENIREA CU TINE ÎNSUȚI

EXERCIȚIU: SCRISOARE DE
AUTOCOMPĂTIMIRE

Obiectiv: Cultivați o relație de iubire cu voi înșivă.

INSTRUCȚIUNI:

Pregătiți scena:

Găsiți un spațiu liniștit, confortabil, în care să puteți scrie nestingherit. Aprindeți o lumânare, puneți muzică ușoară sau creați un mediu hrănitor.

Scrieți scrisoarea:

Scrieți-vă o scrisoare ca și cum v-ați adresa unui prieten drag care trece printr-o perioadă dificilă.

Oferiți cuvinte de încurajare, înțelegere și compasiune. Recunoașteți-vă provocările și exprimați-vă empatia pentru luptele dumneavoastră.

Afirmații pozitive:

Includeți afirmații în scrisoarea dumneavoastră. Amintește-ți de punctele tale forte, de realizările din trecut și de progresele pe care le-ai făcut. Încurajați-vă să continuați, chiar și atunci când drumul este dificil.

Citiți cu voce tare:

Odată ce ați terminat, citiți scrisoarea cu voce tare. Fiți atenți la cum vă simțiți când auziți aceste cuvinte pline de compasiune adresate dumneavoastră.

Păstrați scrisoarea:

Puneți scrisoarea într-un loc accesibil, cum ar fi într-un jurnal sau pe noptieră. Revedeți-o ori de câte ori aveți nevoie de o reamintire a rezistenței și a valorii dvs. de sine.

Urmărire:

Luați în considerare scrierea periodică de noi scrisori în timpul perioadelor dificile pentru a consolida o relație plină de compasiune cu dvs.

Spațiu de reflecție:

(Gândurile și reflecțiile dvs. merg aici)

RECONECTARE ȘI INTEGRITATE

EXERCIȚIU: VIZUALIZARE PENTRU INTEGRITATE

Obiectiv: Vizualizați calea dvs. către integritate.

INSTRUCȚIUNI:

Pregătire:

Găsiți un spațiu liniștit în care să stați sau să vă întindeți confortabil. Închideți ochii și respirați adânc pentru a vă relaxa corpul și mintea.

Vizualizare Ghidată:

1. Vizualizați un moment în care v-ați simțit întreg și complet. Acesta poate fi un moment

specific sau o perioadă generală din viața dumneavoastră

2. Imaginați-vă mediul, oamenii și emoțiile asociate cu acel moment. Concentrează-te pe detaliile care te-au făcut să te simți conectat și împlinit.

3. Acum, imaginați-vă viața actuală infuzată de același sentiment de plenitudine și conexiune. Vizualizați cum arată viața voastră de zi cu zi atunci când sunteți în deplină armonie cu voi înșivă.

4. Observați emoțiile care apar pe măsură ce vizualizați această stare de a fi. Cum te simți să fii conectat la tine însuți și la scopul tău?

Scrierea experienței:

După vizualizare, scrieți detaliile experienței dumneavoastră. Cum arată plenitudinea pentru dumneavoastră? Cum poți invita mai mult acest lucru în viața ta?

Pași de acțiune:

Identificați pașii acționabili pentru a vă apropia de acest sentiment de plenitudine. Luați în considerare mici schimbări în rutina dumneavoastră, schimbări de mentalitate sau o muncă mai profundă de dezvoltare personală.

Practica continuă:

Revedeți această vizualizare în mod regulat pentru a vă consolida conexiunea cu plenitudinea și pentru a vă ghida înapoi către sinele vostru adevărat ori de câte ori vă simțiți deconectați.

Spațiu de reflecție:

(Gândurile și reflecțiile tale merg aici)

CONCLUZIE

Felicitări pentru finalizarea manualului The Body of Change! Ați făcut pași importanți spre aprofundarea conexiunii cu dvs. și îmbrățișarea plenitudinii ființei dvs. Nu uitați, această călătorie este continuă și fiecare pas pe care îl faceți vă aduce mai aproape de sinele dvs. autentic.

Continuați să revedeți aceste exerciții, să integrați cunoștințele pe care le-ați dobândit și să onorați progresul pe care l-ați făcut. Sunteți demni de schimbarea pe care o căutați. Continuați să mergeți înainte cu curaj, compasiune și o inimă deschisă.

DR. LISA COONEY, PHD, LMFT

Dr. Lisa Cooney, PhD, LMFT, este un pionier în transformarea personală și vindecarea traumei. Ea excelează în terapia sufletească, coaching de viață și transformare spirituală. În calitate de creatoare a metodei revoluționare Live Your ROAR®, ea a transformat viețile a mii de oameni, ajutându-i să depășească traumele copilăriei și să îmbrățișeze o „Realitate Orgasmică Radicală" (ROAR®). Filosofia dr. Lisa se bazează pe „Înțeleg!... Indiferent de ce!" și principiile de autodeterminare, angajamentul față de creștere, colaborarea cu universul și crearea unei vieți de vis.